魔 沼

［法］乔治·桑 著

郑克鲁 译

序

桂国强

经过编辑团队的不懈努力,汇集了国外优秀文学名著的《文汇名译名著》第一辑十卷本终于与广大读者见面了。欣慰之余,不由得想起一位学者曾经说过的一句话:"优秀的文学是全人类的。"确实,作为一家为诸多读者所喜爱的出版社,我们理应将各个时期、各个国家和民族最优秀的文学作品奉献给中国的读者,共享人类的精神财富。

我们之所以将丛书定名为《文汇名译名著》,在很大程度上是藉以表达我们对那些为翻译事业作出巨大贡献的翻译家由衷的敬意。我们认为,要让中国读者最精准地读懂、理解一部外国名著,尽享名著中精彩的故事情节、场景描写、优美意境……如果没有翻译家高超的翻译水准和忘我的工作状态,那无疑是不可思议的。屈指数来,在中国,举凡在读者中影响巨大、脍炙人口的外国文学名著,几乎每一部都倾注着翻译家们的汗水与智慧!

《文汇名译名著》丛书是一个开放的系列,我们将不定期、规模化地推出由我国著名翻译家翻译的包括英语、法语、德语、俄语、西班牙语、日语等各种语言、各个国家的文学名著,适时奉献给读者。在策划、组稿、编辑的过程中,得到了许多翻译家及其家属的热情指导与大力支持,在此,谨向他们表示深深的敬意和衷心的感谢!

是为序。

(作者为中国出版协会理事,中国作家协会会员,文汇出版社社长、总编辑、编审,本丛书主编)

魔沼目录

译序　/ 01
侯爵夫人　/ 01
玛泰娅　/ 43
魔沼　/ 107

译序

郑克鲁

乔治·桑(1804—1876)是法国最有成就的女作家,也是世界上最负盛名的女作家之一。她旺盛的创作力、激进的思想观点令人触目,再加上她同缪塞、肖邦的恋爱史,更增加了这个女作家的浪漫色彩。她的创作分为妇女问题小说、社会问题小说和田园小说,以后两种小说较为重要。

乔治·桑原名阿芒丁娜-奥罗尔-吕西尔·杜班。父亲是第一帝国时期的军官。乔治·桑从小由祖母抚养。1817年她进入修道院,过着孤寂的生活。1820年回到老家诺昂,1822年同杜德望男爵结婚,这个乡绅酗酒、搞女人、挥霍钱财,乔治·桑忍无可忍,于1831年1月初愤然离家,来到巴黎。她先和桑多合写了一部小说《罗丝和布朗丝》。1832年,她独自用乔治·桑的笔名发表了《安蒂亚娜》,揭开了妇女问题小说的创作序幕,以后相继发表了《瓦朗蒂娜》(1832)、《莱莉亚》(1833)、《莫普拉》(1836),在这些小说中提出了妇女的婚姻和幸福问题。其中的女主人公都具有反抗精神,但带有盲目追求的倾向。作者从自身经历出发,认为爱情和婚姻是妇女解放的关键问题。她反对妇女在家庭中处于从属地位,主张妇女有权选择自己的配偶,宣扬罗曼蒂克的热情。但女主人公争取独立，往往只归结为获得美满的婚姻。这些小说不过是乔治·桑在摸索中的产物。

十九世纪三十年代中期，乔治·桑开始接触到空想社会主义，皮埃尔·勒鲁成了她的精神导师。通过他，乔治·桑注意到工人、农民、童工的悲惨生活，憧憬建立一个没有奴役的社会。从十九世纪四十年代开始，乔治·桑发表了一系列社会问题小说：《木工小史》(1840)、《奥拉斯》(1841)、《康素爱萝》(1842—1843)、《安吉堡的磨工》(1845)。在这些小说中，工人、农民和贫民成为小说的主人公，打破了历来的文学传统。乔治·桑表现了深切同情劳动人民的民主主义立场，共和党人的英勇起义得到充分的描绘，封建主义及其残余受到猛烈抨击。但主人公力图摆脱财产束缚的方法，是贫富两个不同阶级的人实现结合，1848年革命打破了乔治·桑这种不切实际的幻想。

对现实的失望情绪使乔治·桑完全转到田园小说的创作上来，她继《魔沼》(1846)之后，又写出《弃儿弗朗沙》(1850)、《小法岱特》(1850)、《笛师》(1852)。田园小说具有较高的艺术性。它们没有复杂的情节，故事简单而不失于单调，轻巧而富有韵味。这是由于乔治·桑把农村理想化了：大自然的风光旖旎多彩，充满生机勃勃的醉人气息；主人公纯朴可爱，像秋天田野里的白杨树，他们是具有高尚品质的农民。这个世界显然具有艺术魅力。

晚年，乔治·桑撰写回忆录《我的生平》，也写过几部小说，如《祖母的故事》(1873—1876)。

本集子选译乔治·桑的三篇小说。《侯爵夫人》属于乔治·桑的早期作品，与妇女问题有关，是她最优秀的短篇小说。它刻画了一个不愿与上流社会淫荡堕落的风气同流合污，追求纯洁爱情的贵族女性形象。女主人公虽然在谈吐和待人接物方面十分平庸，可是，她的内心世界却有着丰富的感情。她看不惯上流社会的偷情通奸，在现实生活中也找不到自己的爱情理想。她的独立不羁的行动招来了非议，为了遮人耳目,她表面上找了一个情人。然而,在现实生活中找不到的,她却在舞台的悲剧演出中找到了。她迷恋上一个悲剧演员,继而发现,她迷恋的不是男演员本人,而是他所扮演的角色。这不能不说是生活的悲剧。在这篇小说中,出现的是作者后来创作中常见的题材:贵族妇女与平民发生恋爱。但这篇小说与乔治·桑后来的创作立意有所不同,这场恋爱的结局是个悲剧。女主人公未能冲破本阶级的限制,她的恋爱只限于柏拉图式的精神恋爱,即使男主人公在爱情的陶冶下改变了过去的浪荡生活,心灵变得美好也罢,最后他们宁愿保留美好的回忆。乔治·桑的处理较之后来的创作更尊重现实,更符合现实,因而也更真实可信。从艺术上说,这篇小说采用回忆的手法,以便更多地揭示女主人公丰沛激荡的内心世界。乔治·桑并不追求"时代风俗的认真描绘",而是追求某种"理想真实":侯爵夫人,既能洁身自爱,又能将澎湃的激情压抑在心底,这只能是乔治·桑心目中的理想形象。她的浪漫主义手法也正表现在这里。

中篇小说《玛泰娅》把背景移到了意大利的小城威尼斯。这个城市给乔治·桑留下了美好的回忆,成为她的多部小说的背景。水网通道如同阡陌,布满了整座城市,在水中荡漾的冈朵拉是情人谈情说爱的好处所,小说的描绘充满了浪漫色彩。女主人公玛泰娅是个有主见、敢于争取自己的爱情和幸福的姑娘,她终于如愿以偿。最后,她固执的父亲也改变了态度。一对有情人终成眷属,生活美满。小说描写的是一对平民男女的恋爱,这在乔治·桑的小说中是并不多见的。

《魔沼》是乔治·桑最优秀的田园小说。乔治·桑提出:"艺术的使命是情感与爱的使命。"《魔沼》就是一曲情感与爱的颂歌。男女主人公一贫一富,然而在爱情的感召下,这种经济和年龄上的差别全然消失了,他们达到完美的结合。虽然他们并不非常美丽,却疾恶如仇、善良质朴、乐观勤劳、身体健硕,具有农民最基本的优秀品质。他们所生活的农村也有丑恶现象,如存在贪婪、视金钱为出嫁的雄厚资本等,但这些都对男女主人公产生不了任何影响，他们更重视感情的一致和相互的理解，更重视具有同情心和体贴他人的思想。在魔沼度过的一夜使他们的感情沟通了，达到了内心的融合。在作者笔下，大自然是优美的：沼泽森林像梦幻般神秘，野外夏夜磷火闪闪；加上婚礼、舞会、守夜的风俗描写，对音乐神奇作用的赞颂，一幅幅理想主义的图画呈现在读者面前。由于这个中篇展现了农村的风貌，颂扬了青年农民的纯真爱情，而且描绘了不少诗情画意的图景，具有浓郁的抒情色彩，因而深受读者喜爱，成为世界上独具风格的优秀中篇。

侯爵夫人

一

R侯爵夫人可不是才智横溢的，尽管文学作品里，凡是上年纪的妇女无不被写成谈吐妙趣横生。她对样样事都无知透顶，涉足上流社会对她也于事无补。据说饱经世故的妇女所特有的吐属有致、洞察入微和分寸得当，她也一概没有。恰好相反，她冒冒失失，唐突莽撞，直肠直肚，有时甚至厚皮涎脸。对于一个享乐时代的侯爵夫人，我能有的种种设想，她都统统给破坏了。但她却是个地道的侯爵夫人，她见过路易十五的宫廷；正由于她这种情况始终不过是例外，我恳请您不要在她的故事里寻找时代风俗的认真描绘。在我看来，社会很难认识清楚，从来就很难绘写得惟妙惟肖，所以我决不想这样做。我仅仅给您叙述一些怪事，一切时代、一切社会人们之间不容置疑的感应关系，正是这些怪事促成的。

在这个侯爵夫人的圈子里，我从未找到过有巨大魅力的东西。我觉得她不同凡响的，仅在于她对自己的青年时代有惊人的记忆力，同时她的回忆表达得清晰有力。况且她像老年人那样，昨日的事过后即忘，对自己的命运毫无直接影响的事情反应十分淡漠。

她不属于那种惹人怜爱的美人，她们虽然缺少光彩和匀称，却不乏睿智。生性这样的女人会从中获益不浅，变得同胜过自己的女子一样漂亮。相反，侯爵夫人不幸地长得毋庸置疑地俏丽动人。我只见过的她肖像，就像所有老年妇女那样，她很会在自己卧房里摆设自己的肖像，映入人们的眼帘，她装扮成狩猎仙子，穿着虎皮花纹的缎子内衣，袖口绣有花边，手持一张檀木弓，卷发上闪烁着一把月牙形珍珠发夹。无论如何，这是一幅出色的画，尤其这是一个出色的女子；高大，苗条，褐发，黑眼珠，脸容严肃高贵，殷红的嘴唇不露笑意，双手简直要令朗巴尔亲王夫人①艳美。假若没有花边、缎子和脂粉，那真是一位高傲灵巧的仙女，凡人在密林深处或山腰上瞥见了，便会爱得痴迷，想得发疯。

可是，侯爵夫人早年绝少艳遇。据她自己说，她被人看作缺乏巧思。那时，百无聊赖的男人喜欢打情骂俏，胜过爱美人本身。远不如她的女子都获得了她的崇拜者的欢心，奇怪的是，她好像对此毫不介意。她断断续续告诉过我她的身世，我不禁沉思，这颗心灵没有经历过青春，自私冷酷主宰了其他感情。不过，我看到她晚年时，周围有相当热烈的友谊：她的孙儿孙女敬爱她，她毫不张扬地乐善好施；但她不以什么原则而自鸣得意。她表白从没爱过追求她的拉里厄子爵。对她的人品，我找不到其他解释。

---

① 朗巴尔亲王夫人(1749—1792)：曾任王后玛丽-安托瓦内特的女总管。

有一天傍晚,我看到她比平素话儿更多。她忧思重重。"我亲爱的孩子,"她对我说,"拉里厄子爵患痛风症,刚刚去世;我内心十分悲痛,六十年来,我是他的朋友。再说,看到别人与世长辞,真是可怕!这并不奇怪,他已经老朽不堪!"

"他多大岁数?"我问。

"八十四岁。而我是八十岁;我却不像他那样体衰力弱;我该当希望比他长寿。没关系!瞧,我的几个朋友今年故世了,说自己年轻些、壮健些也没用,看到自己的同时代人一个个辞世,不由得不害怕。"

"因此,"我对她说,"您对这个可怜的拉里厄无限怀念,他爱了您六十年,不断抱怨您的严厉无情,可从不气馁,是吗?这个人是情人的楷模!这样的人再也碰不到了!"

"别这样说,"侯爵夫人带着冷冷的微笑说,"这个人总爱叹苦经,说自己不幸。他压根儿不是这样,人人都知道。"

看到侯爵夫人谈兴正浓,我便催问她关于拉里厄子爵和她本人的情况。下面就是我得到的古怪回答。

"我亲爱的孩子,我一目了然,你把我看成一个品性阴郁、喜怒无常的人。可能是这样。你自己判断吧:我这就告诉你我的全部经历,向你坦露我从不向别人透露的隐私。你属于毫无偏见的一代,你或许认为我不像我自己觉得那么有罪;不管你对我有什么看法,但不让某个人了解我,我便死不瞑目。兴许你会给我一星半点怜悯,减轻我缅怀的惆怅。

"我在圣西尔学校①长大。在那里获得的出色教育,实际上效果甚微。十六岁时我离开学校,嫁给R侯爵,他那年五十岁,我不敢自怨自艾,因为人人都祝贺我攀了一门好亲事,凡是没有财产的姑娘都羡慕我的命运。

"我向来思路不敏,那时节我蠢头蠢脑。那种修道院的教育,使我已经十分迟钝的智能完全麻木了。我从修道院出来时,愚笨无知,让我们变成这样还加以吹嘘,那是错上加错,这种无知往往毁了我们一生的幸福。

"果然,我婚后半年因为头脑狭窄,容纳不了多少经验,所获得的对我一无用处。我并没有学会了解生活,而是学会怀疑自身。我踏入社会时,怀着完全错误的想法,抱有成见,我一生都不能消除这些成见的后果。

"十六岁半我成了寡妇;我的婆婆因为我品性平庸,待我不错,撺掇我再嫁。我可是当真怀了孕,亡夫给我留下微薄的遗产,一旦我让遗腹子有个继父,这份遗产肯定要回归我亡夫的家庭。服丧期一过,我便被引入社交界,身边围满了献殷勤的人。当时我正二八年华,光彩照人,个个女人都说,无论面孔,还是身材,谁也比不上我。

"然而,我的丈夫是个浪荡子,年老而厌倦了一切,对我一向蔑视讥笑,娶我是为了让我尊敬他,他使我恨透了婚姻,我再也不想同意缔结新的婚约。我对生活一无所知,以为所有男人都是一个样,心肠冷

---

① 圣西尔学校于1686年由曼特侬夫人创建,1808年由拿破仑改为军校。

酷,爱无情地挖苦,爱抚十分冷淡、令人难堪,这些曾使我受尽侮辱。纵然我头脑闭塞,可我心里亮堂,我丈夫难得的激动都是冲着一个漂亮的女人去的,而他并没有把自己的心灵放进激动中去。随后我对他来说又成了一个傻瓜,他当众因我脸红,真想要否认我是他的妻子。

"这样令人沮丧地踏入社会,使我从此看破红尘。我的心也许生来不适于这种冷漠,越加变得内向和不信任人了。我对男人既怨恨又厌恶。他们的致意对我是侮辱;我只将他们看作骗子,他们装成奴隶是为了当暴君。我认定对他们永远怨怼和仇恨。

"不需要美德时,便不会有美德;这就是为什么我虽然生活习惯极其刻板,却丝毫不是品德完美的。噢!我多么后悔没能做到品德完美呵!我多么羡慕同激情搏斗、使生活五彩缤纷的那种精神和宗教力量呵!我的这种力量多么冷冰冰,多么平淡无奇呵!我离开修道院时,看到那些年轻姑娘出于热诚和抗拒,数年如一日地保持乖觉;我为了要压抑激情,坚持内心斗争,像她们一样匍伏在地,祈祷上天,有什么不能牺牲呵:我这个不幸的女人,我来到世上要做什么?只不过是为了红装粉黛,抛头露脸和自我烦恼。我没有柔情蜜意,没有内疚悔恨,没有担惊受怕;我的守护天使沉沉酣睡,而不是在警觉看守。圣母和她贞洁的秘密对我毫无安慰,缺少诗意。我绝不需要上天的保护:危险不是为我而设的,我本该自负的,却感到自惭形秽。

"不瞒你说,我发觉自身这种不谈恋爱的意志蜕化成优柔寡断时,既恨自己,又恨别人。对那些催促我选个丈夫或情人的女人,我常常告诉她们,正是男人的无情无义、自私自利和粗暴无礼使我远离他们。

我这样辩白时,她们当面耻笑我,叫我放心,并非所有的男人都像我年老的丈夫,他们有种种诀窍,能让人原谅他们的缺点和恶习。这样抢白我令我烦恼;听到别的女人发表如此粗野的见解,我怒火上升,这时我对自己是个女人,感到无地自容。有段时间我以为自己比她们都品德高尚。

"稍后,我又痛苦地反躬自省;烦恼咬啮我的心。别人的生活很充实,我的生活却很空虚、无所事事。于是我责备自己的疯狂和异想天开;我开始相信那些有哲理头脑、笑语朗朗的女人对我所说的话,她们如实地看待她们的时代。我寻思,无知毁了我,我设想出稀奇古怪的希望,我憧憬正直完美的男子,他们不属于这个世界。一句话,以前别人对我犯下的过错,如今我归到自己名下。

"一旦女人们期望看到我不久信奉了她们的格言,信奉了她们称之为明智的东西,她们便能容忍我了。甚至不止一个人,对我寄予为她辩解的莫大希望,这种人从造作地表明守身如玉,转到披露自己的丑行,看到我给社交界作出轻浮的例子,让人能宽容她的轻浮行为,便不免庆幸。

"待到她们看出这实现不了,我已经二十岁,不会堕落沉沦,她们便恨起我来;她们说什么我是她们批评的活化身,她们和情人一起百般嘲笑我,我的征服目标是最侮辱人的计划和最卑劣的阴谋,一点也不脸红。在乡下风气自由无羁的环境里,我受到形形色色的攻讦,情绪的激烈酷似本来有仇。有的男人对自己的情妇许诺,要制服我,而有的女人答应自己的情夫这样尝试一下。有的家庭主妇自荐用晚宴美酒迷乱我的理智。我有几个朋友和亲戚，为了诱惑我，给我介绍几个男子，我满可以将他们雇作俊俏的马车夫。由于我过于天真，给她们打开我整个心扉，她们很清楚，使我洁身自好的既不是虔诚，也不是名声和一桩旧情，而是不信任和不自觉的反感；她们不错失时机，透露我的品性，不顾我的心境飘忽不定，忧虑重重，肆意散布我藐视一切男人。没有比这种说法更伤害男人的了；他们宁可原谅放浪，而不宽恕蔑视。因此，他们同贵妇一起憎恨我；他们追求我，只是为了满足复仇心理，然后嘲弄我。我看到人人的脸孔上刻写着讽刺和虚情假意，我的愤世嫉俗与日俱增。

"一个有头脑的女人对此会打定主意，抵抗到底，哪怕只是让她的敌手越发恼火；她会公开献身于宗教虔诚，跟人数不多的几个德高懿行的妇女圈子联系上，就在当时，她们致力于造就正直的人。但我的性格懦弱，不敢面对冲我而兴起的风暴。我看到自己被人冷落、憎恶、误解；我的声誉已经受到最可怕和最奇特的非难而被断送。有的女人生来淫荡无行，却佯装和我接近会遭到极大的危险。"

二

"在这期间,从外省来了一个人,没有才华,头脑平庸,没有任何强有力或吸引人的品质,但十分单纯,感情耿直,这在我生活的圈子里非常罕见。我开始寻思,像我的女伴们所说的,该最后作一选择了。作为母亲,我不能结婚,而且我不相信任何男人的好心,我认为自己没有结婚这个权利。我必须接受的是一个情人,才能跟我投入的小圈子相称。我决计取得这个外省人的欢心,他的名字和在社交界的地位能给我绝妙的保护。这就是拉里厄子爵。

"他爱我,而且出自心灵的真诚!可是他的心灵啊!他有心灵吗?这是一个讲求实际、心肠冷酷的人,这类人连嗜好恶习的潇洒和说谎的机智都没有。他像通常的惯例那样爱我,好似我的丈夫有时爱我那样。吸引他的只是我的美貌,他毫不费力便发现了我的心思。他的想法不是轻蔑,而是无能为力。即使他在我身上发现强烈的爱,他也不知怎么与之呼应。

"我不信还有人比这个可怜的拉里厄更讲求物质享受。他美滋滋地进餐,在任何圈椅上都能入睡,其余时间他就吸烟。他总是这样忙于满足生理需要。我想,他整天也没个想法。

"在跟他亲昵相处之前,我对他只表示友谊,因为我在他身上找不到任何高贵之处,至少我也找不到任何可恶之处;他高于我周围的人的优点正在这里。听着他的献媚,我很庆幸,他会让我对人性有好的看法,我相信他光明磊落。可是,一旦我给了他软弱的女人再也恢复不了的权利,他便会缠得我不可忍受,他的整部爱经会压缩到他还能尊重的几次恩惠的表示而已。

"你看,我的朋友,我躲过卡里布德旋涡又撞上西拉巉岩。① 这个人,我从他的饕餮胃口和午睡习惯来看,以为他的性格平静,甚至没有我期待遇到的热烈友谊的感情。他笑着说,他对一个漂亮女人不能只有友谊。要是您知道他称之为爱情的涵义就好了!

"我根本不想同别的女人不一样,用别的泥块捏成②。眼下我不再属于任何性别,我想,我当时完全跟别的女人一样,但我的智能不够发达,遇不到我能深深爱上的人,以便对禽兽般的生活现象投以一点诗意。尽管你是个男子汉,因此在感知方面不够细腻,但你应该明白,一个人还没有领会爱情的需要,就要屈从爱情要求时,内心所具有的厌恶。三天之内,对我来说,拉里厄子爵变得不能忍受了。

"唉!我的亲爱的,我一直没有毅力摆脱他!六十年来,他给我的

---

① 谚语,西拉巉岩位于卡里布德旋涡对面,躲过后者,又遇上更坏的遭遇,意为"每况愈下"。
② 据《圣经》,上帝先用泥块捏成亚当,后再捏成夏娃,故有用"泥块捏成"之说。

是折磨和腻烦。我出于怜悯、懦弱或无聊，才容忍了他。他始终不满意我的迁就，我愈是遏止他的激情，他愈是围着我转，他对我的爱情，是一个男子对一个女子最有耐心、最勇敢、最持久和最令人厌烦的感情。

"自从我把他吸引在身边当作保护人以来，我在社交界的角色远远好受得多了，这倒是真的。男人们再不敢追求我，因为子爵是个可怕的爱动刀使剑的人，他又残忍又爱嫉妒。女人们早先预言我不会光盯住一个男人，愤愤地看到子爵拴在我的马车上；或许我对他的耐心夹杂了一点虚荣心，不致使一个女人显得被遗弃的虚荣心。在这个可怜的拉里厄身上，却也没有什么可以炫耀的；但这是一个非常漂亮的男子，心肠好，懂得及时收住话头，生活阔绰，也不缺乏那种谦逊而自负的仪表，这能突出一个女人的身价。最后，贵妇们不仅决不轻看那种倨傲的美，而我觉得这反倒是子爵的主要缺点，她们还惊异于他对我真诚的忠贞不渝，把他当作楷模，提供给她们的情夫。我于是处在令人羡慕的地位，可是，我对你实说，这只能略微补偿这种亲密关系的无聊。我忍气吞声，对拉里厄保持始终不变的忠诚。瞧，我亲爱的孩子，我是否像你想象的那样对不住他呢。"

"我完全了解您，"我回答她说，"也就是要对您说，我为您抱不平，我尊敬您。您为您那个时代的风俗作出真正的牺牲，您受到磨难，因为您高出于这些风俗。再多一点精神力量，您就会在美德中找到在私通中见不到的幸福。不过，有一点令我诧异：这就是您一生竟然没遇到一个能了解您的人，值得您产生真正爱情的人。能否由此断定，今人胜过往日的人呢？"

"这也许是你们的妄自尊大之见，"她笑盈盈地回答我，"我难得颂扬我那时代的人，但我怀疑你们取得了很大进步；我们不必空发议论。不管男人们怎样，我的不幸，过错全在于我；我没有这份聪明去评论。像我这样孤高傲世，本应该成为一个十分高明的女人，在所有这些极其平庸、虚伪、空虚的人中，运用慧眼，识别出一个古往今来罕见而了不起的真正高尚的男子。对此，我当时过于无知而狭隘。由于阅世渐深，我获得了更多的判断力：我发现，他们当中的某些人，原来我也一股脑儿憎恨的，却值得另眼相看；但那时我已经年迈了。我觉察到这点为时已晚。"

"而您年轻的时候，"我又说，"您连一次也没想重新尝试一下吗？这样切齿痛恨从没有动摇过？真是咄咄怪事。"

三

侯爵夫人沉吟不语,蓦地,她将在指间长久把玩的金鼻烟壶啪嗒一声放在桌上,说道:"那末,既然我已开始自我坦露,我想和盘托出。好好听着:

"有一次,我平生绝无仅有的一次,我恋爱了,但爱得与别人不同,这是热烈的、不可遏止的、席卷一切的爱,而实际上是理想的柏拉图式的爱。噢!听到一个十八世纪的侯爵夫人平生只有一次爱情,而且是柏拉图式的爱情,这令你很惊讶吧?唉,我的孩子,你们这些年轻人,这是因为你们以为了解女人,但却一无所知。如果许多八旬老妪向你们坦率地叙述身世,你们或许会发现在女性的心灵里你们没有想到的恶习和德行的源泉。

"现在,你猜一猜,我,侯爵夫人,贵妇中最傲慢和目空一切的侯爵夫人,我为之神魂颠倒的男子属于什么阶层。"

"是法国国王,或者是王太子路易十六。"

"哦!如果你这样猜下去,得有三个小时才能猜到我的情人。我不如告诉你吧:这是一个演员。"

"在我想象中,这依然是个国王。"

"在戏台上出现的最高贵最洒脱的国王。你不吃惊?"

"不太吃惊。我听人说,甚至在法国偏见最有势力的时代,这类不分贵贱的结合也并不罕见。埃皮奈夫人①的一位女友跟热利奥特②不是一起生活吗?"

"你非常熟悉我们的时代!这真叫可怜。唉!正是因为这一类行为记载在回忆录中,以惊奇的口吻援引出来,你才断定它们罕见,与时代风尚是矛盾的。请相信,他们那时引起了轰动;当你听说吉什公爵、马尼康公爵、利奥纳夫人和她的女儿的丑行败德时,你便能肯定,这类事在发生的当时同你读到的时候一样,令人气愤。你认为以愤懑的笔触转述给你看的人,才是法国正直的人吗?"

我丝毫不敢反驳侯爵夫人。我不知道,我们俩哪一个更有资格去下断语。我请她言归正传,她又这样说下去:

"为了向你表明,这件事多么难以令人容忍,我要告诉你,第一次我见到他以后,我对坐在我身旁的费里埃尔伯爵夫人表达了我的倾慕之心,她回答我:'我的绝色美人,除了我,你没对别人这样热切地表白心声,做得很对;假如人们怀疑到您忘记了,在大家闺秀的眼中,演员算不得人,人们就会不留情面地讥笑您。'

---

① 埃皮奈夫人(1726—1783):法国贵妇,保护过伏尔泰和卢梭。
② 热利奥特(1711—1782):法国著名歌唱家。

"费里埃尔夫人这席话萦回在我脑子里,我不知道为什么。在我当时的处境,我觉得这种轻侮的口吻很荒唐;这种对我万一透露了倾慕之情会损害自身的担心,好像假惺惺而又带有恶意。

"他名叫莱利奥,意大利人,但法语说得很出色。他大概有三十五岁,尽管在舞台上他往往显得不到二十岁。他演高乃依的戏胜过演拉辛的戏;不过,无论是演这一个和那一个戏剧家的戏,他都是无与伦比的。"

我打断了侯爵夫人:"我很惊讶,他的名字没写在戏剧天才的年鉴上。"

她回答说:"他向来默默无闻,无论城里还是宫廷内,大家都不欣赏他。开初,我听说他受到喝倒彩。后来,观众考虑到他内心的热烈和不断上进的努力,容忍了他,有时向他喝彩;总的说来,观众一直把他看作一个趣味低劣的演员。

"这个人在艺术上不属于他的时代,跟我在风俗上不属于我的时代一样。或许就是这种非物质的,然而强大无比的联系,从社会链条的两端,将我们的心灵吸引到一起。观众不理解莱利奥,如同社交界对我的评论。'这个人演得太过分,'观众这样评论他,'他表演过分,却一无所感。'而人们这样评论我:'这个女人可憎可厌,冷冰冰的;她没有感情。'有谁知道我们这两个人是否最强烈地感触到时代气息呢!

"那时节,悲剧要演得十分得体;必须有风度,即使是打耳光也罢;必须死得体面,要优雅地倒下去。戏剧艺术编排得适合上流社会的口味；演员念白和动作要跟费德尔和克吕泰奈丝特拉①用作古怪打扮的裙环和脂粉相调和。我没有斟酌和品评过这个流派的弊端。我思索得不深入；只是悲剧使我厌烦得要命；由于要适应它，这种格调实在不高，我一星期得两次鼓起勇气去受这份罪；我听这些矫揉造作的大段台词时流露出冷漠的不自在的神态，使得人们议论我，说我对艳诗丽词之美麻木不仁。

"我离开巴黎很长一段时间，有一晚我又上法兰西喜剧院，去看《勒·熙德》的演出。我在乡下小住时，莱利奥已被这个剧院接纳。我是头一回看到他。他扮演罗德里格。我一听到他的声音便激动起来。他的嗓音深沉，不很响亮，却遒劲有力，抑扬顿挫，观众批评他的，这是其中一个方面。观众期待熙德是男低音，正如他们希望古代英雄都是高大强壮的那样。一个国王不到五尺六寸高，是不能戴上王冠的，这同高雅趣味的评断截然相反。

"莱利奥矮小瘦弱；他的美不在于形体，而在额角的庄重，举止无可抗拒的优雅，步态的潇洒，脸孔高傲而忧郁的表情。我从未见过一尊塑像、一幅绘画、一个人，有更理想、更高妙的美的魅力。幻美这个词大概是为他而创造的，用于他所有的言语、眼神和动作。

"我怎么对你说呢？我所产生的印象委实是幻美。这个人，他走路，说话，不拘一格和无所企求地行动，呜咽时既发出声音又出自心

---

① 费德尔和克吕泰奈丝特拉：均为古希腊戏剧中的人物，法国古典戏剧也以她们为题材。

灵,忘却自身,与激情混同;这个人,他的心好像使他憔悴颓丧,他的一瞥包含着我在上流社会寻不到的全部爱情,对我产生的力量宛如电流;这个人,生不逢时,得不到光荣和赞赏,只有我了解他,同他一起向前,五年里他是我的国王、上帝、生命和爱情。

"见不到他,我便不能生活下去:他统治我,他主宰我。对我来说,这不是一个人,但我对他的理解不同于费里埃尔夫人;这有过之而无不及,他是一种精神伟力,一个精神大师,他的心灵能随意揉捏我的心灵。不久,我再也不能隐藏我对他的印象。我放弃法兰西喜剧院的包厢,以便不要暴露自己。我假装变得虔敬,每晚上教堂祈祷。其实,我打扮成年轻女工,置身于平民之中,随心所欲地听他念白和欣赏他的表演。临了,我买通剧院的一个职员,在大厅的角落订了一个隐秘狭小的位子,任何人都看不到我,而我从一条暗道进出。为了更加稳妥,我打扮成学生模样。我作出这些疯狂举动,是为了一个我跟他从未说过一句话、从未交换过一个眼色的人,我这样做自有神秘感的吸引力和幸福的幻念。我的客厅的大挂钟敲响要演戏的钟点时,我的心就怦然乱跳。我试图凝神静思,这时仆人准备好我的马车;我激动地迈步向前,倘若拉里厄在我旁边,我会粗暴地对待他,打发他走开;我极其巧妙地避开其他讨厌的家伙。我看戏的热情生出的机智令人难以相信。我非得躲躲闪闪,精细小心,才能在五年内不让拉里厄知道这种热情,而他是最爱忌妒的人,另外也不让我周围那些恶毒家伙知道。

"不瞒你说,我不但不同这种热情斗争,反而贪婪地欣然地沉浸在里面。这种热情多么纯净呵!我何必要为此脸红?这种热情给我创造了新生活,终于促使我追求我早就想了解和感受的东西;这种热情在某种程度上使我成为女性。

"我是幸福的,因感到颤抖、窒闷、瘫软而自豪。强烈的心跳第一次唤醒我麻木的心时,我的骄傲如同年轻的母亲感到胎里的孩子最初颤动时的心情。我变得爱赌气,爱笑,狡黠,反复无常。好心的拉里厄观察到,虔诚使我变得奇怪地任性。在社交界,大家感到我一天天变得更好看,我的黑眼珠莹莹放光,我的微笑含有深意,我对一切事物的见解切中要害,比人们认为我能达到的看得更远。大家把这归功于拉里厄,而他对此一无所知。

"我的回忆很不连贯,因为我这一时期的生活回忆多得满溢而出。给你诉说,我觉得自己变得年轻了,我的心一听到莱利奥的名字还要战栗。刚才我对你说,一听到挂钟敲响,我就快乐和激动得哆嗦。至今我仍然好像感到钟声敲响时,我身上油然而起的美妙的窒闷状态。从那时起,我几经沧桑,好不容易才幸福地待在玛雷区的一个小套间里。嘿!我毫不留恋我豪华的公馆、高贵的城厢、往昔的辉煌,却留恋使我缅怀爱情与梦幻时代的事物。我在厄运中留下几件这个时期的家具,如今我看到这些家具就十分激动,仿佛钟声快要敲响,我的马儿在踩踏路面似的。噢,我的孩子,永远不要这样恋爱,因为这是一场风暴,直至与世长辞才能平息!

"于是我动身了,活泼,轻快,年轻,幸福!我开始珍惜构成我的生活、豪华、青春和美貌的一切。幸福通过五情七窍和所有毛孔向我显示出来。我悄然蜷缩在四轮华丽马车里,双手插进皮笼,对着我对面的金框镜子,左左右右地端详自己光彩照人的打扮过的脸。那时妇女的服装一直受到后人的嘲笑,非常华丽,光彩夺目;穿得趣味高雅,因过分奢华而受到指责,但能给美貌一种高贵和妩媚的气息,那是绘画也无法表达出来的。穿戴上羽毛、服饰和鲜花的全副盔甲,一个女子不得不行动迟缓。我见过非常白皙的女人,她们搽脂抹粉,穿上素白衣服,拖着波纹织物的长裙裾,灵巧地摇晃头上的羽饰,毫不夸大,俨然是天鹅。不管卢梭怎么说,她们确实像鸟儿,超过我们像胡蜂:我们穿上一身臃肿的绫罗绸缎、细布宽衣,遮住孱弱的瘦身子,有如绒毛遮住斑鸠那样;从臂膀垂挂而下的花边像长长的羽翼;我们的裙子、丝带和宝石五彩缤纷,光怪陆离;我们小巧的双脚稳稳当当地穿上漂亮的高跟拖鞋,这时我们似乎确实害怕踩到地上,就像一只溪水边的鹡鸰,小心翼翼地走路。

"我给你讲述的时代,已经开始使用金黄色的脂粉,给头发染上淡灰色。这种使长发减弱生硬色彩的办法,使脸孔变得十分柔和,给眼睛增添异常的光彩。额头完全坦露,消失在这种千篇一律的淡雅的头发中。额头因此显得格外宽阔和纯洁,妇女都有一种高贵的神态。依我看来,假发卷向来不见得柔媚,代之而流行的是低垂的头发和大圈卷发,垂落到颈根和后肩。这种发式对我很合适,而且我以首饰繁多和花样翻新而闻名。我出门时而穿一件绣上鹧鸪的肉色丝绒长裙,时而穿一件镶虎皮边的白缎紧身服,时而穿一套淡紫色绣银线锦缎服装,并且插上嵌有珍珠的白羽毛。我就这样出门拜访,等待第二出戏上演,因为莱利奥从来不演第一出戏。

"我在各个沙龙里引起轰动,当我又登上我的华丽马车时,我得意地望着那个热恋莱利奥,而且我是个可以被人所爱的女人。至今我要打扮得漂亮的唯一乐趣,就在于我要让人产生嫉妒。我要浓妆艳抹的用心,是对那些策划反对我的可怕阴谋的女人来个十分平和的报复。我一旦恋爱,便开始享受到自己美貌的愉快。我只有拿这个献给莱利奥,以补偿巴黎人拒绝给他的成功,我乐于想象,一旦他知道 R 侯爵夫人崇拜他,这个受到嘲笑、冷落和嫌恶的可怜演员会多么自豪和快乐。

"再说,这仅仅是欢乐的转瞬即逝的幻想;我从自己的地位得到的是各种收获和利益。我的想法一旦成形,我一发现我的爱情确已形成某个计划,我就勇敢地压抑下去。身份产生的高傲感又对我的心灵施展权力。你用惊愕的眼光来看我?我待会儿对你解释这一点。让我畅游我的回忆这个迷人的世界吧。

"八点左右,我就驱车到卢森堡公园附近的加尔默罗会修女小教堂;我打发马车回去,好像要去参加这时举行的宗教布道;但我只穿过教堂和花园;我从另一条街出来。我上到一个阁楼,找到一个名叫弗洛朗丝的年轻女工,她死心塌地忠诚于我。我关在她的房里,快意地将我的首饰衣装放在她的破床上,穿上方方正正的黑衣服,佩上驴皮鞘的长剑,戴上向往神职的年轻中学校长的对称假发。我本来就高高大大,褐色头发,目光和善,像个小小的名声不好的教士要躲起来去看戏那样,神态笨拙伪善。弗洛朗丝以为我真有外遇,同我一起笑谈我的变形,我承认,为了得到欢乐和爱情的陶醉而变形,那些到小饭馆秘密进晚餐的疯姑娘也不会像我那样快乐。

"我登上一辆出租马车,缩到剧院的小包厢里。啊!这时,心跳、恐惧、欢乐、急不可耐都中止了。深深的凝思占据了我所有的官能,我像失神似的一直待到幕启,处在庄严肃穆的等待之中。

"就如同秃鹰在有威慑力的飞掠而过中抓住一只山鹑那样,它先在山鹑的上空有魔力地盘旋几圈,然后攫住气喘吁吁一动不动的山鹑;莱利奥的心灵,他的悲剧演员和诗人的伟大心灵,裹住了我的全部官能,把我投入到欣赏的痴呆状态中。我倾听时,双手在膝头痉挛,下巴搁在包厢的乌得勒支丝绒上,眼角淌满泪珠。我屏息敛气。诅咒使人目眩神疲的灯光,我的眼睛盯住他的手势和脚步,被灯光晃得干涩灼痛。我真想抓住他的胸脯每一细小的起伏,他的额角每一细小的褶皱。他表演出来的激动和剧情中的不幸,像真情实事深入到我心坎里。不一会儿,我便分不清真假。对我来说,莱利奥不存在了:这是罗德里格,这是巴雅泽,这是伊波利特。①我憎恨他的敌人,我为他的危险而战栗;他的痛苦使我同他一起抛洒滚滚热泪;他的死使我喊出声来,我不得不咬紧手绢,憋住声音。两幕之间,我精疲力竭地瘫倒在包厢深处;我像死了一样待在那里,直到高亢的前奏曲向我预示幕启。于是我又振作起来,变得热烈和精力充沛,为的是欣赏、感受、流泪。在这个人的才能里,有那么多的清新气息,那么多的诗意,那么多的青春!那一代人真的是铁石心肠,才不拜倒在他脚下。

"尽管他冒犯各种约定俗成的思想,尽管他不可能迁就愚蠢的观

---

① 此三人均为高乃依和拉辛悲剧中的人物。

众的趣味,尽管他衣冠不整使女士们反感,尽管他藐视男人的愚蠢要求而得罪他们,他仍然有崇高的力量和不可抵御的魅力的时刻,他的眼神和言辞这时攫住了倔强的无情无义的观众,就像捏在他手心里,他迫使观众鼓掌和战栗。这种时候很少见,因为不能突然改变一个时代的整个精神;当这种场面出现时,观众狂热地鼓掌;巴黎人好像为他的天才所折服,愿意为他们的不公道赎罪。我呢,我宁可相信,这个人有时拥有异乎寻常的力量,最瞧不起他的人感到不由自主地被拖着走,让他获得成功。说实在的,这时,法兰西喜剧院的大厅好像染上了狂热。走出剧场,大家面面相觑,很惊讶给莱利奥喝了彩。而我呢,我沉浸在激动中;我叫喊,我流泪,我热烈地呼喊他,我狂热地叫着他的名字;我微弱的声音幸亏消失在我周围爆发的风暴般的狂呼乱喊中。

"另外有几次,我觉得场面很崇高,观众却朝他吹嗯哨,我气忿地离开剧场。这些日子对我最为危险。我强烈地想去找他,同他一起哭泣,诅咒这个时代,向他献上我的热情和爱情,以此安慰他。

"有一晚,我从专用的暗道出来时,看到我面前飞快掠过一个瘦小的人,朝街上走去。一个布景工人向他脱帽,对他说:'晚安,莱利奥先生。'我马上急切地想挨近去看这个不寻常的人,冲过去跟踪他,我穿过街道,不顾要遇到危险,跟他一起走进一爿咖啡馆。幸好这是一个不三不四的咖啡馆,我大概不会遇上我那阶层的人。

"在一盏蹩脚的蒙上烟尘的灯的光亮下,我盯住莱利奥,我以为自己搞错了,跟踪的是别人,而不是他。他至少有三十五岁;黄蜡蜡、羸弱、憔悴;穿得很差;气宇十分平常;嗓音沙哑微弱,同流里流气的人握手,狂饮烧酒,满口污言秽语。我几次听人叫他的名字,才肯定这果真是舞台上的神灵,伟大的高乃依的作品扮演者。我在他身上再也找不到迷住我的魅力,甚至找不到那样崇高、热烈和忧郁的眼神。他的目光阴沉、微弱,近乎愚蠢;他对咖啡馆伙计说话时,谈论赌博、酒店和妓女时,嗓音不堪入耳。他的举止猥琐,谈吐下流,脸颊的油彩没擦干净。这不再是伊波利特,这是莱利奥。神庙空落落,十分寒酸;神谕默然无声;天神变成了人;连人也不是,是演员。

"他走了,而我久久地留在位子上发呆,忘了喝带香料的热酒,我叫了这份酒只是为了摆出骑士风度。我意识到自己在什么地方和朝我投过来的目光时,恐惧袭上心头;我平生头一遭处在这样暧昧的境况中,跟这种阶层的人厮混;后来,流亡国外锻炼了我,使我能应付这类对我的地位很尴尬的场面。

"我站起来想溜走,但忘了付账。伙计追了上来,我羞愧难当;只得回到店里,对柜台作解释,忍受朝我投来的轻蔑和嘲讽的目光。我走出门来,觉得有人尾随在后。我找不到马车钻进去;喜剧院前面已经见不到马车。沉重的脚步声历历可闻,总在跟踪着我。我哆嗦着回过身,看到一个魁伟的莽汉,我在咖啡馆的角落里已经注意到他,他的模样很像密探,或者比这还糟。他对我说话;我不知他说些什么,恐惧使我丧失了理解力;不过我还算头脑清醒,想到要摆脱他。恐惧给人以勇气,我顿时变作女中豪杰,猛地在他脸上打了一拐杖,然后扔掉拐杖,以便跑得快一点。我的大胆使他呆住了,我像闪电一样快跑,直跑到弗洛朗丝家才停住。第二天中午,我在拉上轻纱帘和柱头插上粉红羽毛的床上醒来时,以为做了一个梦,从昨天的奇遇和失望中感到极大的侮辱。我真以为自己断绝了爱情,我想自我庆幸,可是徒然。我感到要命的悔恨,烦恼又降落到我的生活中,一切都幻灭了。这天,我把拉里厄赶了出去。

"夜幕降临,给我带来的再也不是以往令人舒畅的激动。我觉得世界平淡乏味。我上教堂去,聆听布道,决计变得虔诚;我着了凉,回来就病倒了。

"我卧床数日。费里埃尔伯爵夫人来看望我,叫我放心,我没有寒热,卧床反使我得病,我必须散散心,出门上喜剧院。我以为她看上拉里厄,希望我早死。

"事情并非如此;她硬逼我跟她一起去看《西拿》①的演出。'您不去看戏了,'她对我说,'正是虔诚和烦恼慢慢毁了您。您很久没看到莱利奥,他大有进步;如今观众有时向他喝彩;我想,他会变得令人容忍。'

"我不知道怎么被拖走的。再说,我已对莱利奥不再迷恋,在大庭广众中面对他的诱惑力,不用再担心毁了自己。我浓妆艳抹,坐到舞台一侧的大包厢里,面对我以为不再存在的危险。

"然而危险近在眼前。莱利奥美妙卓绝,我发觉,我更加钟情于他。昨天的奇遇我觉得只是个梦,莱利奥不可能不同于我在舞台上见到的那样,我身不由己地沉湎在可怕的激动中,这样激动是他感染我

---

① 高乃依的悲剧作品。

的。我不得不用手绢掩住泪水纵横的脸庞；在慌乱中，我抹掉了胭脂，碰掉了美人痣，费里埃尔伯爵夫人催我缩到包厢深处，因为我的激动在大厅里引起轰动。幸亏我手段高明，让人以为这样唏嘘激动是伊波利特·克莱隆小姐的表演引起的。在我看来，这是一个十分冷静、十分刻板的悲剧女演员，由于她的教育和性格，也许对当时人们所理解的戏剧职业是过于高不可及；但她在《西拿》中念'多美'这个词的方式，使她闻名遐迩。

"说真的，她同莱利奥同台演出时，她的演技远远高于她的实际水平。虽然她对他的演技也表示合符分寸的藐视，她却不知不觉受到他的天才的影响，当他们俩在舞台上表演激情趋于一致时，她会向他汲取灵感。

"那一晚，莱利奥注意到我，要么由于我的打扮，要么由于我的激动；因为我看到他在下场时，向当时流行坐在台上的一个观众问我的名字。从他们的目光朝我投来的样子，我一目了然。我的心扑腾乱跳，几乎使我透不过气来，我注意到，演戏时莱利奥的目光好几次往我这边射来。他询问的那个人是布雷蒂亚克骑士，骑士一面望着我，一面几次跟他说话；为了能知道骑士关于我对他说过的话，我情愿作出巨大的牺牲！莱利奥的面孔不得不保持庄重，避免损害角色的尊严地位，却毫不流露能让我捉摸出布雷蒂亚克怎样谈论我的表情。再说我很不了解这个布雷蒂亚克，我想象不出他会说我好话还是坏话。

"就从这一晚起，我明白了爱情已把我同莱利奥拴了起来：这种激情完全是精神上的，具有传奇色彩的。我爱的不是他，而是他擅长扮演的古代英雄；这些一去不复返的直爽、磊落、温柔的人物，又在他身上复活了，我同他待在一起，通过他回溯到被后世遗忘的讲求美德的时代。我自豪地想，在那时，我就不会不被了解，受到诬蔑，我就能献上我的心，我就不会落到去爱一个戏剧幽灵。对我来说，莱利奥只是熙德的影子，只是今日法国人嘲笑的古代骑士爱情的代表。这是个人，是个演员，我不怕他，我见过他；我只能在大庭广众中迷恋他。而我的莱利奥则是个想象中的人，一离开喜剧院的华灯，我便再也抓不住他。必须有舞台的想象、油罐灯的照射、服装打扮，他才能成为我所爱的人。剥夺了这一切，他对我又回复到虚空之中；他像一颗星星，在破晓时隐去了。离开了舞台，他便不再能使我急切地想看到他，即使我为此而失望。这对我犹如欣赏一个烧成灰烬，贮存在陶罐里的伟人。

"我通常接待拉里厄的时间现在却往往不在家，尤其我断然拒绝今后同他的关系超出友谊，这一切使他产生了嫉妒，说实话，这次比以往使他感到的嫉妒更有理由。有一晚，我上加尔默罗修女教堂，想从另一个出口溜走，这时我发觉他尾随着我，我明白今后几乎不可能对他隐瞒我晚上的奔忙了。我打定主意公开上剧院。我逐渐学会了必要的弄虚作假，隐藏起自己的印象，我开始大声赞扬伊波利特·克莱隆，这可以遮人耳目，掩盖我的真正感情。从此以后，我处境更加困窘；我被迫小心谨慎，我的乐趣减弱缩小了。可是，从这种处境又产生另一种处境，迅速获得了报偿。莱利奥已看到我，在观察我；我的俏丽震动了他，我的敏感也讨好了他。他的目光很难离开我。他有时为此分心，使观众不满。不久，我不会搞错：他爱我爱得昏了头。

"我的包厢好像令沃德蒙公主艳羡，我让给了她，订了一个小一点、更往里凹、位置更好的包厢。我完全伏在栏杆上，不放过莱利奥的一个眼风，而他的目光可以寻找我，却不会损害我。我甚至不需要用这种方法同他的感觉沟通：从他的嗓音、胸脯的叹息、念诗的语调和某些语句，我明白他在对我说话。我是最骄傲最幸福的女人；因为这时爱我的不是演员，而是英雄。

"唉！两年来我心底里孕育的爱情没人知道，纯粹是单相思，又是三个冬天过去，这一爱情虽然有人共享，我的目光却不给莱科奥权利，让他希望超过亲密而神秘的关系。我早就知道，莱利奥常在我散步时跟着我；我不敢看他，也不敢在人群中分辨出他来，我可不愿在剧场外面认出他来。只有这五年是我八十年生活中最充实的。

"末了，有一天，我在《法兰西的默居尔》中看到一个法兰西喜剧院新聘演员的名字，由他代替莱利奥，莱利奥到国外去了。这个消息对我是致命一击；我想象不出，没了这激动，没了这激情和风暴的存在，我今后怎能生活下去。这件事使我的爱情迅猛发展，几乎把我毁了。

"这以后，我不再作内心斗争，凡是有碍我地位尊严的想法，刚露头就压下去。我不再庆幸莱利奥实际上的熊样子。我在受折磨，暗地里念叨着他为什么一点不像舞台上的形象，我甚至希望他年轻俊俏，像每晚艺术塑造的他，以便能为他放弃我的偏见引起的倨傲和我肉体的反感。现在我要失去这个精神寄托，长期以来这充满我的心灵，激励我去实现自己所有的梦想，探索积极的生活，不过以后也会使我憎恨生活、莱利奥和我自己。

"我正在这样犹豫不定,这时我收到一封信,字体从未见过;这是唯一的一封情书,我保存在拉里厄上千封保证信和另外上百人写的上千封香喷喷的求爱信中。实际上,这是我收到的绝无仅有的情书。"

侯爵夫人住了声,站起来,走过去有把握地打开一只细木镶嵌盒子,抽出一封揉皱的极薄的信,我很费劲才看清上面的字。

夫人:

我思想上有把握,这封信只会引起您的轻蔑;您甚至会觉得它不配使您气愤。但是,对于一个落入深渊的人来说,多投或少投一块石头到渊底,又有什么关系呢?您会将我看成疯子,您没有搞错。唉!您大约会暗暗可怜我,因为您不会意识到我的真诚。假若虔诚使您礼贤下士,您或许会明白我的绝望多么深广;夫人,您本应已经知道,您的眼睛能作恶也能行善。

唉!我说,如果我得到您一次怜悯也罢,如果今晚在我千呼万唤的时刻(每晚我在这时又获得新生),我在您的脸上看到一丝怜悯的表情,我动身时会减轻一点不幸;我从法国会带走美好回忆,也许能给我力量,生活在别的地方,继续我徒劳无益的艰辛的职业。

夫人,您大概已经知道:我的慌乱,我的激动,我愤怒和绝望的喊声,多少次不可能不在舞台上泄露出来。您不会点燃这些欲火,而丝毫意识不到您的所作所为吧。啊!

您就像老虎玩弄猎获物那样，也许您以引起我的痛苦和狂热来自娱吧。

噢！不，这是过分的推测。不，夫人，我相信不会这样；您连想也没想过。您对伟大的高乃依的诗句很敏感，您跟悲剧的崇高情感息息相通，如此而已。我呢，失去了理智，大胆以为只有我的声音有时唤起您的同情，我的心在您的心里引起回响，您和我之间有着比我和观众之间多出一点的东西。噢！这是一种标志，不过这是非常甜美的痴狂！让我这样痴狂吧，夫人；这与您有什么关系呢？您担心我去炫耀吗？我有什么权利这样做？我有多大的权利使别人相信我的话？我只会使自己成为有理智的人的笑柄。让我这样痴狂吧，我对您说，我诚惶诚恐接受这种信念，这信念给我的幸福超过观众对我的严厉给我的忧愁。让我给您祝福，跪着感谢您的同情，我在您的心灵里发现了，而其他人的心灵都没给予我这种同情；还得感谢您的眼泪，我看到您为我扮演的不幸遭遇流泪，您的眼泪往往把我的灵感推到狂热的地步，感谢您胆怯的目光，至少我相信是为了试图安慰我，对观众的冷淡别在意。

噢！您为什么生来处在荣华富贵之中！为什么我只不过是默默无闻的可怜艺术家！我就是得不到观众的青睐，也没有金融家的富豪，用来交换一个姓氏、一个头衔，这是我至今嗤之以鼻，或许却能使我向您求爱的东西！以前，我宁愿才华出众，而不是别的；我寻思何苦成为骑士或侯爵呢，这不是想变得愚蠢、自命不凡和厚颜无耻吗;我憎恶大人物的傲岸,我自以为,如果我以自己的天才上升到高出于他们,就是报复了他们的轻蔑。

奇谈怪想,继之悲观失望!我的力量达不到我疯狂的雄心壮志。我始终默默无闻;我做得更糟,我接近成功,又让机会失去。我以为自己高大,观众却把我扔在尘埃里;我以为达到崇高,观众却认定我可笑。命运用不着边际的梦想和大胆的心思捉弄我,把我像芦苇一样折断!我是一个非常不幸的人!

我最大的疯狂举动是将目光投向那排油罐灯之外,这排灯在我和社会其他人之间划了一道不可逾越的界线。对我这是波比琉斯的圆圈①。我想越过它!我是演员,我敢用目光扫视,落在漂亮女人身上!落在一个年轻、高贵、惹人喜爱和地位显赫的女人身上!因为您就是这一切,夫人,我知道是这样。上流社会指责您冷漠和过分虔诚,只有我看重您和了解您。您一颦笑、一滴泪便足以拆穿布雷蒂亚克骑士之流诬蔑您的蠢话。

---

① 波比琉斯曾于公元前173年任罗马执政。公元前170年,古叙利亚攻占埃及一部分领地,罗马元老院派波比琉斯去叙利亚,要求他们的国土放弃他的征服地。叙利亚国王想和大臣们商议,波比琉斯绕着国王在地上画了一个圆圈,要他在走出这个圆圈之前,先作出回答。国王被迫同意马上撤兵。后世以"波比琉斯的圆圈"比喻为不能逾越的界线。

您的命运又当如何！落在您和我身上的是多么古怪的命运，在这个辉煌的、自诩明察一切的世界上，您居然在一个可怜演员的心中才找到对您的公允评价。唉！什么也排除不了我这个忧郁和欣慰的想法；这是因为，如果我们生在社会的同一阶层，不论我的对手是什么人，不论我多么平凡，您也不能逃脱我的追求。必须让您明了真相，这就是在我身上有着比他们的财产地位更强大的东西：爱您的力量。

莱利奥

"这封信，"侯爵夫人继续说，"写的时间挑选得很古怪，尽管一开头令我想起拉辛悲剧的台词，我却觉得很真实很动人，信里的激情非常新颖大胆，使我内心翻腾不已。在我心里搏斗的一点傲气烟消云散了。我愿献出自己的生命，换取一刻这样的爱情。

"我不必向你叙述我的不安、怪想和担心；我理不清思绪。我回复了几句话，我尽可能回忆出来，是这样的：

"'我不指责您，莱利奥，我指责命运；我不单为您抱怨，我也自怨自艾。我没有任何骄傲、谨慎或贞洁的理由，不愿让您得到安慰，使您相信您并不辱没我。保持这种得到安慰的心情吧，因为我给您的只有这个。我永远不会答应见您。'

"第二天，我收到一封信，匆匆看过，刚来得及扔到火里，躲过拉里

厄,他发现我在看信。这封信的措辞大约是这样的:

"'夫人,我一定得跟您谈谈,否则我便会寻短见。一次,仅仅一次,只要一小时,如果您愿意的话。既然您信得过我的名誉和谨慎,见一次面您又怕什么呢?夫人,我知道您的身份;我了解您洁身自爱,我了解您虔诚,我甚至了解您对拉里厄子爵的感情。我不会蠢到希望从您那里得到超出怜悯的话,但必须是从您嘴里说出来的。我的心要接受下来带走,要不然我的心就要破碎。

莱利奥'

"凡是崇高的、大胆的信赖都会因处境危险而变得光彩夺目,为了这种光彩夺目,我要说,我时刻担心受到无耻的纨绔子弟的讥讽。我绝对相信莱利奥谦卑的真诚。况且我好不容易才相信自己有力量;我决意见见他。我已经全然忘却他憔悴的脸容,猥琐的样子,平庸的神态;我只认识他天才的魅力,他的风格和爱情。我这样回信:

"'我要见见您;找一个稳妥的地方;您从我这里得到的只有您所要求的东西。我相信您像相信上帝一样。倘若您想滥用这信任,您就是一个卑劣小人,我不会怕您的。'

"回信:

'您的信任将保您无虞,躲过最坏的恶棍。夫人,您会看到莱利奥不会受之有愧。×公爵时常好意向我提供他在瓦洛亚路的房子;我把它派什么用场呢?三年来,对我来说,天底下只有一个女人。请在戏散场时赴约。'

"下面指明了约会地点。

"我在四点钟接到这封信。整个商谈过程只在一天内进行。整个下午我像失去理智的人,在房里乱转;我发烧了。事情进展得迅速和决心下得这么快,同五年来的毅力截然相反,使我像做梦一样载沉载浮;我最后下了决心,看到自己跃跃欲试,没有时间后退,这时,我难受地倒在土耳其式长沙发上,呼吸止住了,只见房间在脚下旋转。

"我严重不适;必须派人去找外科大夫,给我放血。我禁止仆人向外人透露我不舒服;我怕有人提出不合时宜的主意,不想别人妨碍我晚上出门。等候这个时辰到来时,我扑倒在床上,甚至不让拉里厄先生进门。

"放血使我身上舒适了,同时使我感到虚弱。我陷入精神的极大郁闷中,我的幻觉随着热度升高而消失。我恢复了理智和记忆;我想起咖啡馆那次可怕的失望,莱利奥那副潦倒的样子;我真要为自己的疯狂举动脸红,从胡思乱想的顶端跌到平淡丑恶的现实上来。我再也弄不明白,我怎会决定以这种勇敢而浪漫的温情,换取等待着我的蔑视和使我不堪回首的羞耻。于是我对自己的决定后悔莫及;我哭泣自己的狂喜、爱情生活和即将断送的未来那种纯洁亲切的满足心境。我尤其哭泣莱利奥,我去见他,就要永远失去他,五年来我爱他是多么幸福,而几小时以后我再也不能爱他了。

"怅惘中我狠命扭自己的胳臂;放血的伤口又裂开了,鲜血大量涌出;我只来得及打铃叫侍女,她发现我晕倒在床上。我徒劳地与酣睡状态搏斗,终于沉沉入睡。我没做梦,也不难受,几小时内像死去一般。待我睁开眼睛,房间一片黝黯,我的公馆寂静无声;我的女侍睡在我的床脚边的椅子上。有一会儿我迷迷糊糊,十分虚弱,无法回忆和思考。突然,我的记忆力恢复了;我寻思约会时间是否过去了,我是否睡了一小时或一世纪,是天亮还是天黑,我失约是否会使莱利奥自尽,是否赴约还来得及。我想起床,但我没有力气;我挣扎了一会儿,好像在做噩梦。末了我集中了全部毅力,给难受的四肢增添力气。我猛地下到地板上,掀开一点窗帘,看到月亮在花园树梢上闪耀;我奔向挂钟,挂钟指着十点。我扑向女侍,摇晃她,把她惊醒:'吉奈特,今天几号?'她惊叫着离开椅子,想溜走,因为她以为我在说谵语;我留住她,让她镇静下来;我知道了自己只睡了三小时。我感谢上帝。我要叫一辆马车;吉奈特吃惊地瞧着我。最后她确信我神志清醒,便转达了我的吩咐,准备给我穿衣。

"我让她给我穿上最普通最朴素的衣服,我头发上不插任何首饰;我不涂脂抹粉。我殚精竭虑的是想让莱利奥产生尊敬恭谨,对我来说,这比他的爱情更加宝贵。但是,我心里很高兴,因为吉奈特对我的怪想法很惊讶,从头到脚打量我,说道:'说实话,夫人,我不知道您怎么回事;您只穿一件没有裙裾、没有裙环的普通白长裙;您在生病,苍白得像死人一样；您连一颗美人痣也不肯贴。唉！我从没见过您像今晚这样漂亮，否则我宁愿死掉。那些见到您的男人，我真替他们叫屈！'

"'你认为我这样很正经吗，我可怜的吉奈特？'

"'唉！侯爵夫人，我天天祈求上天，让我变成您那样；可是，至今……'

"'得了，天真的姑娘，把短斗篷和皮手笼给我。'

"半夜，我来到瓦洛亚路那幢房子。我小心地戴上面纱。有个跟班模样的人来接待我；他是这幢神秘住宅唯一露面的主人。他带我穿过曲里拐弯的幽暗花园，来到隐没在黑暗和寂静中的一幢楼里。他把绿纱罩面的提灯放在前厅，给我打开一套漆黑幽深的房间门，神态冷漠，手势毕恭毕敬，给我指点一缕从里面房间射来的光线，仿佛生怕唤起沉睡的回声，低声对我说：'只有夫人您一个，还没有人来。夫人需要什么的话，可以在消夏厅找到一只小铃，我应声就到。'他对我迎面关上房门，像变魔术一样消失了。

"我怕得要命，我担心中了计。我叫他回来，他马上出现了；他正儿八经的神态使我放下了心。我问他什么时候；其实我一清二楚，我在马车里十几次看过表。'半夜了。'他眼皮不抬地回答。我看出，这个人很懂得他分内的职责。我决定走到消夏厅。我看到所有面临花园的门都只用东方彩绘的绸门帘遮住，便深信自己是无端害怕。说实在的，这间小客厅不过是间最朴实的音乐厅，美妙绝伦，墙壁是雪白的假大理石，镜框是无光泽的银白色；乐器种类繁多，散放在家具上，家具铺上珠子流苏的白丝绒。光线从上而下，掩映在大理石叶瓣里，叶瓣形成圆形的天花板。这片朦胧柔和的光简直可以看作月光。我好奇和兴味盎然地审视这个幽居的地方,我还想不起哪儿可以与它比美。至今我是平生头一回踏入一幢僻静的房子;要么这个房间给神秘的情人用作欢乐的殿堂,要么莱利奥叫人搬走会让我刺眼和难堪的东西,这地方找不到什么能证明我刚进来时的反感。房间中央的装饰只有一尊白大理石塑像,是古代制品,雕的是戴面纱的爱西丝①,一只手指放在嘴唇上。几面镜子映照着她和我,我们面色苍白,全身穿白,贞洁地裹在衣服里,镜子使我产生幻觉,以致我必须移动,才能区分她的形体和我的形体。

"骤然,这阴惨惨、使人恐惧又十分美妙的静谧打断了;里面房间的门打开又关上;轻轻的脚步使地板发出微响。我倒在一张扶手椅里,半死不活;我马上要贴近地看到离开舞台的莱利奥。我闭上眼,睁开以前我在内心同他诀别。

"我多么惊愕呵!莱利奥美得像天使;他来不及脱下戏装,我看到的他是最优雅的模样。他细瘦灵活的身材束紧在白缎的西班牙外套里。他的肩胛骨和脚胫系着樱桃红束带;同样颜色的短大衣披在肩上。他戴了一个很大的英国针法的皱领,头发很短,没有扑粉;一顶覆盖白羽毛的直筒无边高帽在额角上晃荡,一圆圈花饰钻石在额角闪闪发光。他就是穿了这身服装刚扮演过《石像宴会》的唐璜②,我从未见

---

① 埃及人敬奉的女神。
② 即莫里哀的剧本《唐璜》,又名《石像宴会》。

过他像此刻这样俊美、这样年轻、这样富有诗意。韦拉斯盖兹^①会匍伏在这样的模特儿面前。

"他对我跪下。我不由得向他伸出手。他的模样多么胆怯,多么顺从!一个人竟然爱得在女人面前怯生生的,当时十分罕见!而且这是一个三十五岁的男人,一个演员!

"没关系,当时我觉得,现在仍然觉得,他处在风华正茂的年纪。穿着白衣服,他酷似年轻侍臣;他的额头纯洁无邪,他的心激动得像初恋那样扑腾。他捏住我的手,狂热地吻遍了。于是我发了狂,将他的头拉到我膝头上,抚摸他发烫的额头、浓黑的硬发、褐色的脖子;他的脖子掩没在柔软洁白的皱领里。莱利奥不敢大胆妄为。他的激情全集中在心里;他像女人一样哭起来。他的泪水洒在我身上。

"噢!不瞒你说,我也尽情地同他一起洒泪。我迫使他抬起头瞧着我。他多美呵,伟大的上帝!他的眼睛熠熠生辉,万般柔情!他真诚热烈的心灵,给他脸孔的缺陷和熬夜、岁月的摧残补足了魅力!噢!心灵多么有力量呵!谁不了解心灵的奇迹,就从来没有爱过!看到他漂亮的额角早生皱纹,他的微笑中带有倦怠,他的嘴唇呈现惨白之色,我情动于怀;我需要哭泣他的烦恼、厌弃和劳苦。我设身处地同他一起忍受他的痛苦,包括他对我毫无希望的长久爱情的苦痛。我只有一个心愿,就是弥补他忍受过的折磨。

"'我亲爱的莱利奥,我伟大的罗德里格,我俊俏的唐璜!'我在狂

---

① 韦拉斯盖兹(1599-1660):西班牙画家。

乱中这样对他说。他的目光燃烧着我。他给我诉说他的爱情的每一阶段、每一进展;他告诉我,我怎样把他,一个放荡的蹩脚演员,改变成一个热情奔放的人,仿佛我当着他的面培养了他,给他以勇气和青春的幻想;他向我表白他对我的尊敬和崇拜,他对流行的愚蠢夸张的情话深恶痛绝;他对我说,他愿以余生交换在我怀里待一小时,不过,他宁愿牺牲这一小时和余生,生怕这会冒犯我。从来还没有更感人肺腑的雄辩,赢得一个女人的心;温情的拉辛也没能使剧中人这样深沉、富有诗意和有力地诉说爱情。凡是激情所能产生的细腻、庄重、甜蜜和剧烈的心理,他的话语、他的嗓音、他的眼睛、他的抚爱和他的顺从都告诉了我。唉!他在滥用自己的感情?他在演戏?"

"我当然不信。"我盯住侯爵夫人,大声说。她好像由于叙述往事而变得年轻,有如仙女于尔热勒那样返老还童。我不知是谁说的,女人的心没有皱褶。

"请听结尾吧,"她对我说,"他说的话使我火烧火燎,精神迷乱,昏头昏脑,我用双臂搂住他,一边抚摸他的缎子衣服,呼吸他头发的香味,一边身子战抖。我的脑袋昏昏沉沉。我一无所知的感觉,我以为不可能体会的感触,一一向我显示出来;但是,这太强烈了,我晕了过去。

"他采取急救措施,让我苏醒过来。我看到他在我脚边,比先前更胆怯、更激动。'可怜我吧,'他对我说,'杀了我,把我赶走……'他比我更加苍白、更加半死不活。

"我在这动荡不安的一天经历的各种情绪波动,是迅速转换的。

这一道新经历的闪电已经黯然失色了;我的血液又平静下来;真正爱情所具有的敏感又占了上风。

"'听着,莱利奥,'我对他说,'并非蔑视使我挣脱您的激情的纠葛。可能是由于从小时起,人们就灌输给我们审慎小心的态度,这已变成我们的第二天性;并非在这里我才想起这一点,因为我的天性刚才变成另一种样子,是我所不熟悉的。要是您爱我,请帮助我抗拒您。让我从这里带走只用心灵爱您的美妙的满意心情。如果我不曾属于别人,也许我会欣然献身给您;要知道拉里厄糟蹋了我的声誉;要知道我出于同大家一样行动的可怕需要,去忍受一个我从没爱过的男人的温存;要知道如果我刚才抵挡不住,那末,我对男人温存的厌恶就会扼杀我的想象,以致会憎恨您。啊!我们不要作这种可怕的尝试!在我的心里和记忆里保持您的纯洁吧。让我们永远分离,从这里带走令人喜悦的想念和令人珍惜的回忆,存之永久吧。我起誓,莱利奥,我爱您直到死。我感到,岁月的冰块熄灭不了这炽热的火焰。我还起誓,拒绝了您之后,永远不属于另一个人。这样的努力在我并不困难,您可以相信我。'

"莱利奥跪在我面前;他毫不哀求我,也毫不责备我;他对我说,他原先并不企求我已给他的幸福,他没有权利要求更多的幸福。在同意诀别时,他的颓丧和嗓音的激动使我担忧。我问他是否会幸福地想念我,今夜会面的狂喜是否会对他的余生散发出魅力,每当想起今夜,他以往和将来的苦痛是否会减轻。他兴奋起来,赌了咒,答应照我的心愿去做。他重新扑倒在我脚边,发狂地吻我的裙子。我感到心旌摇曳；我对他作了个手势，他离开了几步。我预约的马车来了。这个秘密地点的木偶似的总管在外边敲了三下门，为了通知我。莱利奥绝望地扑到门口，他的模样活像幽灵。我轻轻推他走开，他作了让步。于是我走出门口，他想跟随着我，我指给他大厅中央的一把椅子，就在爱西丝塑像的下面。他坐了下来，一丝激动的微笑牵动着他的嘴唇，他的眼睛闪出最后一道感激的爱情的亮光。他仍然是年轻俊美的西班牙最高贵族。走了几步，在永远失去他的时刻，我回过身，朝他最后瞥了一眼。绝望摧折了他。他已变得衰老、萎靡不振和十分骇人。他的身子好像瘫痪了。他痉挛的嘴唇想作出茫然的微笑。他的眼珠呆滞无光：这就是莱利奥，一个情人和王子的身影。"

侯爵夫人停顿一下，然后带着阴郁的笑容，像断垣颓瓦的废墟那样散了架似的，又说："从那时起，我再没有听说过他。"

侯爵夫人又停顿一下，比前一次更长；然后带着对漫长的岁月、对生活执着的爱或者随之而来对辞世的盼望所产生的心灵的可怕毅力，又变得乐呵呵，含笑对我说："那末，你今后相信十八世纪的德行了吧？"

"夫人，"我回答她说，"我压根儿不想怀疑；不过，要不是我很激动，也许我会对您说，那天您让医生放血，考虑得很周密。"

"可怜可悲的人哪！"侯爵夫人说，"你们一点不了解心灵的历程。"

玛泰娅

一

　　天空变得越来越阴云密布,海水染上了水手们十分熟悉的不祥预兆的颜色,开始汹涌拍击码头,激荡着停泊在皮亚泽塔宫白色大理石阶上的冈朵拉①。落日蒙上了乌云,酒红色的几缕夕阳投射在公爵府的建筑正面上,公爵府轻巧的尖顶和尖尖的壁龛形成一根根白色的针,呈现在铅灰色的天穹中。抛锚的船根根桅杆,在岸边的石板上投下瘦长而巨大的阴影,从太阳正面掠过的乌云不时依次抹去了这些阴影。共和国放养的鸽子惊飞而起,落在古老塑像的大理石顶盖下面、圣徒的肩上和圣母像的膝上,躲藏起来。起风了,吹得港口上空的燕尾旗飒飒作响,拍打着查柯莫·斯帕达老爷的假发那一绺绺硬而规则的卷发,这卷发仿佛圣马可广场上雄狮的金属鬣毛,或者像是圣泰奥多尔广场上鳄鱼的青铜鳞甲。

　　丝绸商查柯莫·斯帕达老爷对这不合时宜的喧闹声一无所感,带

---

① 意大利威尼斯水城的交通工具,一种平底船。

着庄重的心事重重的神态,沿着柱廊漫步。他时不时打开镶金的金黄色玳瑁大鼻烟盒,用手撮上一点鼻烟,然后凝神屏息地吸上一阵,虽然狡黠的西罗科风①早已把他的西班牙烟草末同他从自己可尊敬的上司那里弄来的烟末混合起来。大颗的雨滴终于透过他的丝袜让他感到下雨了,一阵风刮来,吹走他的帽子,并将他的披风后摆刮到他的脸上。他开始意识到狂风要来临了,这种狂风在风和日丽的仲夏会猝然来到威尼斯,不到五分钟之内要损坏多少玻璃、烟囱、帽子和假发。

查柯莫·斯帕达老爷好不容易把劲风吹到他脸上的弄皱的黑羽纱拨开,竭尽他六十来岁的笨重身体和一路上遇到的许多障碍所允许的速度,开始追赶他的帽子:这儿是一个体面的市民,不巧的是正想打开雨伞,他很快发觉事情太不凑巧,便发狠劲要重新收起雨伞,朝运河那边倒退着走;那儿是一个守身如玉的胖女人,一心要控制住被无耻的狂风吹胀的裙子;再过去一点是好些船夫,急急忙忙要解开缆绳,把小船摇到最近的桥底下去躲避;另外一个地方有一个玉米糕点商,正在追赶他的低级商品,正如查柯莫老爷追赶他上等的帽子一样。体面的丝绸商好不费劲才来到公爵府柱廊的拐角,飞走的帽子就落在那里,正当他跪下一只膝盖,伸长手臂去捡帽子时,这该死的帽子又坐上西罗科风爱漫游的翅膀吹走了,沿着埃斯克拉冯河岸飘去,轻巧而灵活地向运河那边飞走。

丝绸商叹了一口长气,有半晌惊惶地把双臂交叉在胸前,然后鼓

---

① 欧洲南部的热风。

起勇气准备继续追赶,一面用手按住假发,免得假发也吹走,另一只手夹紧披风,披风执着地缠住他的双腿。他这样来到麦草桥下,伸手去捡他的三角帽,这当儿,那可恶的帽子又飞起来,不需要桥,也不需要船,越过了"监狱"运河,像海鸥一样落在对岸。"让帽子见鬼去吧!"查柯莫老爷泄气地叫道,"我还未过桥,帽子会越过城里所有的运河。谁要谁就拿去!……"

一阵哈哈大笑和尖声起哄,回答了查柯莫老爷的喟叹。他向四周投以愤怒的目光,看到自己被一群顽童包围了,他们穿破衣烂衫,脸孔肮脏,厚皮涎脸,模仿着他的苦相和威严的紧蹙的眉毛。"浑蛋!"体面的商人喊道,一面对他们的模仿和自己的倒霉感到有点好笑,"小心点,我要揪住你们当中一个的耳朵,同我的帽子一起扔到环礁湖里去!"

查柯莫老爷一面这样威胁,一面想抢起他的拐杖;但他怒火中烧地举起手臂时,他的腿失去了平衡;他站在河边,离开了石子路面,失足掉了下去……

二

　　幸亏韦奈兰达公主的冈朵拉停在那里，被乔家港的小船堵住了，怎么划也过不去。查柯莫老爷看到自己踩了空，只想掉下去时尽可能体面些，一面求上帝保佑，让上帝尊重做家长的和丝绸商的尊严，能直接落到韦奈兰达公主的脚下，不要太不体面地弄坏这个名人的篮子。

　　但公主非常神经质，吓得大叫一声，挤在河岸上的顽童高兴得鼓掌跺脚。他们一直待在那里，起哄声和笑声能到达不幸的查柯莫那里，冈朵拉缓慢地载着他穿过挤满运河的乱七八糟地停泊在那里的小船。

　　希腊公主韦奈兰达·吉卡的岁数令人难以捉摸，大约在四十至六十岁之间。她身板挺得笔直，穿着鲸须撑开的裙子，身材苗条，神态端庄刻板。她喜欢纤细，并不欣赏自己的一部分魅力；为了弥补这种受约束的状态，并显得更加年轻和疯疯癫癫似的，她时刻舞动手臂，摇头晃脑，以致别人坐在她身旁，经常要在脸上挨到她的扇子和羽饰。不过她心地善良，殷勤好客；慷慨大方到有点爱挥霍，充满浪漫情调，迷信,轻信而软弱。她的钱袋被不止一个江湖医生骗光钱币,她的卫队由不止一个狡猾奸诈的骑士组成。但她的品德由于体质的极端冷漠,通过这重重危险而变得更加纯朴;她的风雅举止表现得很稚气,使这种冷漠不至于成为一种慢性病。

查柯莫·斯帕达老爷毫无疑问是威尼斯最富有、最受人敬重的丝绸商。这是一种真正的两栖动物,喜欢石头岛胜过世上其余一切东西,他们从未见过别的地方,如果他们力图要得到存在于威尼斯之外的事物的一点知识,他们就会以为是对威尼斯缺乏热爱和尊敬。这位商人自诩从未踏上过坚实的陆地,也从未坐过马车。他掌握自己那门贸易的所有奥秘,并且准确知道在半岛的哪一个岛屿上或在卡拉布里亚[①]的哪个村庄,能长出最美的桑树和纺出最好的丝绸。但他关于土地的博物史概念绝对只限于此。四脚动物中他只知道狗和猫,对于牛只见到过屠夫的船上剁成的肉块。对于马他有非常不确定的想法,因为他一生只在某些庄严的场合下见过到两次马:为了使民众吃惊和娱乐,参议院允许卖艺团体将几匹马牵到埃斯克拉冯码头。这些马穿上非常古怪的盛装,以致查柯莫老爷和许多人都以为它们的鬃毛天生是结成小辫,由金、银线组成的。至于给马戴上的红白两色羽毛簇,不消说是马的头上长出来的。查柯莫老爷给家里人描绘马的模样时,说是这种天生的装饰是从陆地带来的奇异动物身上最漂亮的东西。再说,他把马列入牛的种类中,时至今日还有许多威尼斯人认为马只不过是无

---

① 在意大利半岛的南部地区。

角的牛而已,即 bus senza corni。

查柯莫老爷在买卖上要冒一个西昆①的危险时,总是疑虑重重,只要制服他的想象力,他就像个孩子一样轻信,容易破产;无所事事使他的想象力变得非常敏感。他很勤快,活跃好动,但对获利之后所能提供的各种享受却无动于衷。他嗜钱如命,是个音乐爱好者,虽然他唱歌走音,拍子总是跟不上套。他温和灵活,相当机灵,至今能控制自己的钱财而不太激怒暴躁的妻子。此外,他酷似当地所有这种类型的人:他们至少具有同人的特性一样多的珊瑚虫的特性。

斯帕达先生为吉卡公主无节制的衣着提供衣料和丝带,已有三十多年了;但他有幸同她交谈时,他非常小心谨慎,不去了解岁月流逝的情况,这种场面经常发生,首先因为公主很乐意同他闲聊,这是一个希腊女人最美妙的乐趣;其次因为威尼斯一向的风俗是彼此亲热随和的,这在法国只有小城市才常见,而且我们的上流社会更加一本正经,把这称之为嚼舌头。

韦奈兰达公主让查柯莫先生解释掉到她脚边的事故之后,叫他不必拘礼地坐在自己身旁,尽管他谦让推托,硬要他接受在她的冈朵拉的黑布篷下躲避风雨,因为这时风雨交加;这样,风雨倒让一个六十多岁的老商人和一个不超过五十五岁的年轻公主单独交谈。

她对他说:"你跟我到我府上,我的船夫会把你送回铺子去的。"一路上,她问了他许多关于他的身体、买卖、妻子和女儿的问题;这些

---

① 威尼斯古金币。

问题充满关心和好意,也充满好奇;人所共知,威尼斯的贵妇百无聊赖地度日,倘然她们上午搜集不到或多或少是幼稚的逸闻趣事,晚上,她们对情人就绝对无话可说了。

斯帕达先生对这些问题先是感到非常荣幸,含含糊糊地回答,待公主谈到他女儿即将举行的婚礼时,他心慌意乱起来。为了鼓励他爽快地回答,她对他说:"玛泰娅是个绝色美女;你有一个这样娇媚动人的女儿,该是多么幸福和自豪啊。全城的人都在谈论这事,纷纷在说她的神态高贵,举止高雅。咦,斯帕达,为什么你不像平时那样谈起她?我觉得你有心事,而且我担保你为的是玛泰娅;因为我每次说出这个名字时,你就像一个受煎熬的人那样皱眉蹙额。啊,啊,把事情告诉我吧。我是你家的朋友,我为此而感到骄傲。对你来说,她成了不快的话题,对此我十分恼火。你知道,我有权教训她。她的爱情很轻浮吗?她拒绝嫁给她的表兄契柯吗?"

这几句问话使斯帕达先生越加难受,他竭力毕恭毕敬地一一加以澄清;但韦奈兰达公主嗅出此中有秘密的味道,便猛扑向她的猎获物。老头尽管羞于要说的话,却理所当然地信得过公主的善良心地,再说,他喜欢像威尼斯人那样说话,也就是说几乎像一个希腊女人一样,决意道出他心事重重的原因。

"唉!杰出的殿下,"他说,一面在空鼻烟盒中取了一小撮假想的烟来,"确实是我的女儿引起我烦恼,而我掩饰不了。殿下知道,玛泰娅已到了不再想玩具娃娃,而想别的东西的年龄。"

"当然,当然,她快有五尺高了,"公主回答,"拥有女人最美的身材；她长得跟我一样高。而她还不到十四岁；这使得她的行为可以原谅。因为不管怎么说，她还是一个孩子，不会严肃地考虑问题。加之她的美貌发育得早，势必使她急不可耐地想结婚。"

"唉！"查柯莫老爷又说，"殿下知道，我女儿不仅受到认识她的人的崇拜，而且得到走过我的铺子的行人的赞赏。她明白，最潇洒富有的绅士在我们的店门口站上好几个钟头，假装闲谈，或者假装等人，以便不时瞥一眼柜台，她就坐在那里，陪着她的母亲。有的则来买布，想有幸跟她说几句话，那些有教养的人总是买点东西，哪怕一双丝袜，往往如此。我的妻子洛蕾达娜可是个灵活机警的女人，她按照好规矩去抚育这个可怜的孩子，至今还没见过有哪个姑娘这样规规矩矩，谨言慎行，正派大方；全城的人都可为此作证。"

"当然，"公主又说，"像她那样的端庄合礼怕是找不到。有一天在晚会上，我听人说，玛泰娅是威尼斯的美女之一，由于她的高贵、倨傲的神态，她的美更显突出，这种神态使她鹤立鸡群，显得像一个公主站在一群侍女中间那样。"

"以基督的名义，这的确如此，的确如此！"查柯莫老爷用忧郁的声调重复说，"这个孩子从不会浪费时间打扮得庸俗可笑，那些小装饰品只适合于贵妇人。她总是干干净净，一清早便梳好头，少言寡语，很有理智，一整天她的发髻没有一根乱发，勤俭节约，像鸽子一样温柔，有问必答，听话顺从！我妻子有这样一个沉默寡言的女儿真是奇迹！总之，这是一颗钻石，一个真正的瑰宝。她绝不注意自己的崇拜者，既不注意进入铺子买东西的有体面的人，也不注意挤在门口瞧她的看热闹的人。她不再急不可耐地想结婚了；因为她知道，她在蒙托瓦①有一个时刻准备着的丈夫，他只等她一句话，便来向她求婚。尽管如此，不久前，她事先也不告诉任何人，对一个我不敢说出名字的人眉目传情。"

"对谁？上帝！"韦奈兰达公主叫道，"难道是出于尊敬或恐惧，使这个名字冻结在你的嘴唇上？难道是你店里那个驼背丑陋的伙计？难道你女儿相中了总督？"

"比殿下所能想象的更糟，"查柯莫老爷回答，抹抹脑门，"这是一个异教徒，一个崇拜偶像的人，是土耳其人阿布尔。"

"这个阿布尔是什么人？"公主问。

查柯莫回答："是一个漂亮的金银线挖花的波斯绸缎富商，这些绸缎是在琪奥岛②生产的，殿下喜欢在我的铺子里购买。"

"一个土耳其人哪！"韦奈兰达公主叫道，"圣母啊！确实令人悲哀，我真是想象不到。爱上一个土耳其人，噢，斯帕达！这不可能；这里面定有蹊跷。至于我，我在自己国家曾受到最漂亮、最富有的人爱慕和追求，而我对这些人避之唯恐不及。噢！这是因为我到了美貌出众、处境危险的年龄，便求上帝保佑，而上帝也总是保护我。要知道，所有的穆斯林都为魔鬼左右，他们掌握各种各样的护身符或者春药，靠了这些东西，许多女基督徒否认真正的上帝，投到他们的怀抱。请

---

① 意大利北部城市。
② 希腊岛屿，盛产葡萄酒、水果、乳香。

相信我对你所说的话。"

"落到我身上的难道不是骇人听闻的事和不幸吗?"斯帕达先生说,"我女儿是一个多么美丽和正派的姑娘啊!"

"当然,当然,"公主又说,"真令人惊讶和难过。可是,我要问你,怎能施行这样的魔法呢?"

"我也一无所知。如果有什么魔法落到我女儿身上,我认为能指控一条卑鄙的毒蛇,他名叫蒂莫泰,是个会讲斯拉夫正教语言的希腊人,他为这个土耳其人效劳,常常跟着土耳其人来到我家,给土耳其人和我当翻译;因为这些穆罕默德信徒坚定如铁,自从阿布尔来到威尼斯,已有五年了,但他像第一天那样不会讲基督徒的语言。因此他不是通过听觉来诱惑我女儿的;因为他坐在角落里,像块石头那样一言不发。这也不是通过眼睛;因为他根本不注意她,好像他没看见她似的。正像殿下所指出和我已经想到的那样,这爱情确实有一种异乎寻常的原因;因为在玛泰娅周围的男子中,一个像她那样聪明谨慎的姑娘,大概要最后才会想到这个该下地狱的家伙。大家都说他是个美男子;至于我,他长着一双猫头鹰的大眼睛,留着一部长长的黑胡子,我觉得丑极了。"

"亲爱的先生,"公主打断说,"这里面有魔法。你发现在你女儿和这个希腊人蒂莫泰之间有什么默契吗?"

"当然啦。他说话滔滔不绝,甚至能跟我妻子的母狗蒂斯贝讲话。他常常跟我女儿说话,都是些无聊的话和蠢话,要是由别的人说出来,保准会叫她打哈欠,但从蒂莫泰嘴里说出,她却非常爱听;以致我们起初以为她爱上了这个希腊人。由于这是个微不足道的人,我们为此十分恼怒。唉!她遇到的事更糟!"

"你怎么知道你女儿爱的是土耳其人,而不是希腊人呢?"

"因为今天上午她亲口告诉我们的。我妻子看到她日渐消瘦,愁眉苦脸,怠惰懒散,无精打采,以为是思春使她这样心神不安,我们事先决定不对她讲出来,让她的意中人前来我家。今天上午,她来拥抱我时神态十分忧郁,脸色刷白,我以为告诉她契柯马上要来会让她高兴的。但是,她非但不显出高兴,反而摇摇头,那模样令我妻子生气了。不瞒你说,我妻子有点脾气暴躁,有时待我女儿过分严厉。'这是什么意思?'她问女儿说,'对爸爸就这样回答的吗?'孩子说:'我什么也没回答。'做母亲的说:'你所做的更糟,你对父母亲的意愿表示蔑视。'玛泰娅问:'什么意愿?'我妻子回答:'就是你要好好接待契柯,因为你知道,他要成为你的丈夫;我不希望你任性胡来,去折磨他,就像眼下那些小妞所作的那样,她们想出嫁想得要命,却装成风雅女子,用怪诞的念头和装腔作势使可怜的未婚夫失魂落魄。最近以来你变得非常古怪,令人难以忍受,我要提醒你一下。'等等,等等。殿下可以想象我妻子说了些什么;她口若悬河!这终于使孩子不耐烦了,她非常高傲地对我妻子说:'要知道契柯永远不会做我的丈夫,因为我厌恶他,而且我的心已有所属。'于是洛蕾达娜勃然大怒,对她百般威胁。我让妻子平静下来,对她说,必须知道我们的女儿属意于谁,就像她自己所说的那样,可是徒劳。我女儿说:'这是我的秘密,我知道我永远不能嫁给我所爱的人,我会逆来顺受,但我会默默地爱他,我永远不属于别的人。'听到这话,我妻子越来越生气,责备女儿爱上土耳其人的仆人,蒂莫泰这个小冒险家。我妻子说了许多蠢话,愤怒多于好意,可怜的孩子站了起来,用坚定的语气大声说:'你再威胁也没用,我始终会爱我属意的人。既然你们要知道他的名字,那就告诉你们吧:是阿布尔。'说完,她用双手掩住火热的脸,泪如泉涌。我妻子向她扑去,掴了她一个耳光。"

"她这就做得不对了!"公主大声说。

"殿下,她当然做得不对。因此,我从这吐露心迹使我陷入的惊愕状态中回复过来时,我走过去拉起女儿的手,为了不让她忍受她母亲的愤恨,把她关在她的卧房里,我再回来竭力让洛蕾达娜平静下来。这不是容易的事;末了,我给妻子讲道理,终于让她同意,就让孩子单独在房里待几小时,先是生气,然后会因羞愧而脸红。我再负责去责备她,吃晚饭时把她带来向母亲赔不是。为了给她时间考虑,我出来时带走了她卧房的钥匙,揣在兜里,心里想着如何对她说些厉害而合适的话,使她震惊,回到理智上来。不巧,我在思索时,雷雨突然而至,我不得不回到家里,却想不起做父亲要长篇大论说一套的第一句话。离吃晚饭还有三小时,但是,天知道洛蕾达娜又是问我,又是感叹,又是怨命,弄得我只有一刻钟空闲去准备我的讲话。啊!殿下,做一个家长,又要同土耳其人打交道,那是多么不幸啊!"

"放心吧,我可尊敬的先生,"公主庄重地回答,"坏事也许不像你所想象的那么严重。说不定你好言相劝就能驱除魔鬼的影响。至于我,我会一心一意念祈祷,并让神甫做弥撒。再说我也可以做劝说工作;

请放心,我对玛泰娅有影响力。如果需要,我会把她带到乡下。明天你来看我,把她也带来。不过小心别让她戴着这个土耳其人摸过的首饰,穿着他摸过的衣服。小心别让他在她面前用手指画符咒。你问一下她,她有没有接受过他的礼物,如果有,就要求她交给你,你把这礼物扔到火里。我要是你,会叫人在她房里驱魔。不知是什么魔鬼附在她身上。得了,亲爱的斯帕达,快一点,千万让我知道这件事办得怎样。我对此非常关心。"

这样说着,公主的船已到达她府上,她向自己所保护的人优雅地行了礼,在两个船夫的搀扶下,跳上列柱廊的台阶。查柯莫老爷对她想得这样深邃相当惊异,减轻了一点烦恼,谢绝船夫相送,因为天气已经平复如初,他步行穿过城里狭窄弯曲的街道,踏上返回他的铺子的道路,他的铺子位于古老的总督府下面。

三

　　美丽的玛泰娅被关在卧房里，独自沉思。她默默地踱着步，双臂交抱在胸前，神态像下了反抗的决心，眼眶有一颗眼泪，出于高傲而没有流下来。不过没有人看到她这副模样，不用说，正如孩子和女人常有的那样，她感到自己的勇气处于千钧一发之中，只要第一滴眼泪通过她的又黑又长的睫毛涌出来，就会泣涕如雨，难以抑制。于是她控制住自己，在镜子前走来走去，摆出无拘无束的神态，装出举止傲慢，扇着一把当时流行的中国大扇子。

　　正如玛泰娅的父亲和公主的谈话所说的那样，她艳丽娇媚，只有十四岁，但已经发育成人，受到威尼斯所有的风雅公子的垂青。查柯莫老爷说她是真正的瑰宝，是一个聪明机智、谨言慎行、勤快节俭的姑娘，并没有言过其实。玛泰娅具有所有这些优异品质，还具有她父亲无法准确说出的品质，但是，在命运使她长大的环境中，这些品质对她来说却成为极端不幸的源泉。她生来有热烈的想象力，很容易激动，心高气傲，慷慨豪爽，性格坚强有力。如果这些品质朝好的方向发展，玛泰娅会成为世上最幸福的孩子,斯帕达先生也会成为最幸福的父亲;但洛蕾达娜太太性格暴躁,动辄易怒,尖刻泼辣,固执到专横,如果不是宠坏,也是刺激这个美人儿,使她变得倨傲、倔强,甚至有点粗野。在她身上有着她母亲那种泼辣性格的某些反映,不过由于心地善良和热爱正义而变得柔和些罢了;热爱正义是一切美好机体的基础。只能来自上帝的高度智慧,睡眠时间偷偷阅读小说,这些使她远远高出于父母亲,尽管她还很无知,或许比在我们的现代文明中长大的八岁女孩子还要单纯。

虽然她得到父母的爱和关怀,受到的教育却很粗俗,童年时由于最轻微的疏忽而受责骂,甚至挨打,玛泰娅对母亲怀有惧怕之感,这种惧怕常常变成怨恨。她受到责罚时保持傲气,气得发狂,习惯于敢怒而不敢言地忍受,傲然地拒绝向她的暴君讨饶,甚至拒绝对母亲的辱骂表现出敏感。她母亲的愤怒由于这种抵抗而变本加厉,尽管她内心爱着女儿,她待女儿这样不讲人情,以致查柯莫老爷有时不得不把女儿从她手里抢过来。这是他唯一能表现出来的勇气,因为他比玛泰娅更怕她,加之他性格的软弱使他处于比自己更固执、更暴烈的头脑的控制之下。玛泰娅逐渐长大,在这种受压迫的环境里总是求助于谨慎。她出于恐惧,或许出于怨恨,习惯于严格服从,默默地一丝不苟作着斗争;但约束人们心灵的信念却日益离她而去。在内心,她憎恨自己的枷锁,每时每刻她秘密的心愿不仅同她的言语(她总不开口,甚至不同父亲说话,他的软弱引起她某种愤怒),而且同她的行动和节制完全相反。也许最使她要起来反抗而且理所当然的是,她母亲在专横、暴虐和不讲道理的行为中,以严格的虔诚自鸣得意,强迫女儿服从最狭隘的过分虔诚的教规。在威尼斯人那里,信教一般是很温和、很宽容、很愉快的,而在这个皮埃蒙特①人洛蕾达娜的心里,却变成不能忍受的狂热,玛泰娅无法接受。因此,可怜的孩子一面洁身自爱,热爱基督,在他脚下每天强咽下悲苦的眼泪,一面在内心大胆远离好些过于严格的教规,这种情况当时在威尼斯是闻所未闻的。她并没有多加考虑,也没有同别人争辩,就为自己创造了一种个人的、纯粹的、真诚的、出自本能的宗教。每天她进一步了解自己选中的这种宗教,引起母亲教训的场合,处罚的荒唐和理智的反抗;当她听到母亲无情地把所有异教徒咒入地狱,尽管他们品德高尚时,她持不同见解,而且走得很远,甚至原谅不忠实的信徒,把他们看作自己的兄弟。但她决不说出自己对此的想法;虽然她表面上俯首帖耳大概一直使那个泼妇失去警觉,只要一看到意想不到或者在执行自己的意愿时稍有怠慢的表示,这个泼妇便像玛泰娅小时那样责罚她,而到了青春期的玛泰娅激怒的心灵强烈感到这种责罚的深深伤害。

这样,她上百次反复琢磨离家出走的计划,如果她能指望有栖身之地,这个计划早就实行了;但她对这个世界一无所知,不了解其中的礁石暗滩,生怕找不到藏身之地和保护。

在女人当中,她只认识自己的母亲和同类型的几个肥胖臃肿的主妇,她们在夫妻对骂中多少受过锻炼,但同样头脑狭隘,在她们称之为

---

① 意大利西北部地区。

道德和宗教原则方面同样不宽容。玛泰娅认为所有女人都跟她母亲一模一样,所有男人都跟她父亲一样犹豫不决、受到压制、不够开明。她觉得教母吉卡公主温柔随和,但她的性格荒唐,不比孩子更令人有保障。她不知道自己该抱什么希望,一心想躲到沙漠中,以草根和眼泪生活。"如果世界就是这样,"她在朦胧的幻想中寻思,"如果不幸的人到处受到排挤,如果不公道逼得起来反抗的人应受到诅咒,像卑劣的人那样受到驱逐,或者像危险的疯子那样戴上手铐脚镣,那么我应该死去,或者应去找个荒僻的隐居地。"于是她伤心饮泣,陷入对这荒僻的隐居地长时间的遐想中,她以为这地方不比的里雅斯特或帕多瓦①更远,她想带上平生的全部私蓄——几个西昆,步行到那里。

她压根不想逃遁到修道院,当时,这是有罪或有难言之隐的姑娘通常的归宿地。但她对一切穿宗教服装的人怀有难以抑制的不信任和某种仇恨。她的听忏悔神甫在跟她母亲所谓出于好意的交谈时,出卖了她,说出他听到的忏悔和她强迫自己进行的富有成效的苦修。玛泰娅知道以后,不得不回到他那里,坚决拒绝对他恕罪。她受到听忏悔神甫威胁后,反过来威胁他要去扑到主教脚下,向主教透露这一切。这个威胁她根本不会付诸实行。因为可怜的受压抑的姑娘担心主教本人就是一个更强有力的暴君;但她终于吓倒了神甫,自此以后,她忏悔的秘密得到了尊重。

玛泰娅认为她去寻求帮助的修女或教士远远不会保护她,反而会

---

① 均在意大利北部。

把她出卖给她母亲,使她的锁链变得更加沉重,她不仅排除了向这些人求告的想法,而且排除了逃跑的念头。她很快就去掉这个计划,古怪地担心一旦不得不作忏悔,便会使这个计划破产。出于一种女人的心自然而然具有的狡黠,她深信自己只是一时有过不自觉的逃走意念,而在她的心灵深处,她坚定地原封不动地保留着一有机会便出走的意愿。

她本来可以在某个崇拜者的提议或萌生的愿望中,找到保护和解脱的可靠保证;但玛泰娅年轻纯洁,从来没想到这上面去;在她的美貌吸引来的贪婪目光中,有着一些大胆无耻的东西,刺伤她的自尊心,而不是讨好她的自尊心,而且朝少女幼稚的虚荣心完全相反的方向提高这种自尊心。她只一心要摆出一副冷淡的蔑视人的举止,调开一切肆无忌惮的行为,她做得很有成效,居然没有一句情话到达她的耳鼓,没有一封情书来到她围裙的兜里。

她这样是出于自然而然的心理状态,而不是出于她母亲夸大其词的指点,因此她并不绝对排除希望,找到一颗高尚的心灵,坚实而无私的友谊,同意解救她,又对她毫无要求。即使她天真无知,她却像地位低微的姑娘们早早就知道许多事。

表兄契柯像所有那些由父母事先定亲的丈夫那样,十分愚蠢,令人难以忍受。玛泰娅发誓宁愿投入卡纳拉卓河,也不愿嫁给这个可笑的人。主要是为了避免追问,上午她才在绝望中向母亲宣称,她的心属于另一个人。

但情况并非如此。也许玛泰娅有时秋波一扫,落在那个土耳其商人平静而俊美的脸孔上,而他的目光却从来不去追逐她,决不像其他男人的目光那样冒犯她。她想过,这个人不受当地法律和偏见的限制,在土耳其商人中尤其以高尚诚实著称,大概能帮助她。但随着这一闪而过的念头而来的是,她的自尊心提出了合理的警告;阿布尔决不像对她怀有爱情、友谊或者同情。看来他大部分时间甚至不在看她;如果他向她投去惊奇的目光,那是由于她的欧洲服装古怪的缘故,或者由于她所说的近乎陌生的语言,在他耳畔发出的响声使他感到惊异而引起的。玛泰娅意识到这一切;她寻思时毫不生气,毫无怨恨,毫不烦恼,或许仅仅带着天真的惊讶,她竟然对阿布尔没有产生任何印象。然后她又想:"要是像阿布尔-阿梅那样脸孔善良正派,名声毫无污点的土耳其商人,提出要娶我,把我带到他的国家,我会毫无反感和毫不迟疑地接受;虽然我不太幸福,但我不会生活得比这里更差。"事实上情况仅此而已。无论土耳其人阿布尔,还是希腊人蒂莫泰都没有对她说过什么话,使她产生这些想法,就像年轻姑娘常有的那样,只是在狂热的、不可解释的、古怪的愤怒时刻,玛泰娅要么是为了让她母亲气急败坏,要么是为了说服自己,她的意愿早就确定了,以为不如说出土耳其人而不是希腊人,胜过说出任何一个威尼斯人。

可是,话一出口,便在年轻人的头脑里产生古怪的意志或想象的效果!以致玛泰娅竭力相信这虚幻的爱情,确信几天以来她已感到它神秘的伤害。"不,"她心想,"我绝没有说谎,我决不是偶然说出疯话来的。我不知不觉在恋爱;我所有的思路,我所有的希望都落到他身上。在危急的时刻,在绝望决定性的爆发中,我的爱情向别人、也向自己显示出来；这个名字由于神圣意志的作用,从我口中吐出,现在我感觉到了,阿布尔是我的生命和救星。"

玛泰娅在卧房里这样大声自言自语,异常兴奋,脸颊红通通,美得像天使,激动地走来走去,扇着扇子。

四

蒂莫泰个子矮小，脸孔线条细腻，讨人喜欢，他的目光略带嘲讽意味，不过被习惯于谨慎优雅的神情冲淡了。他约摸有二十八岁，出身于讲斯拉夫正教语言的希腊人的好家庭，这个家庭由于奥托曼政权的勒索而破了产。他很早就周游世界，寻找职业，碰到什么就干什么，既不傲慢，也不胆怯，像今日的男子汉那样，不关心自己是否有禀赋和任何<u>特长</u>，却坚持不懈地要把自己孤立的生存同大众的生存联结起来。他绝不爱自吹自擂，但敢作敢为，他尝试过各种各样的发财手段，甚至同他先前尝试过的格格不入的手段。在很短的时间内，他就能熟悉新职业所要求的事务；一旦他的事业遭到破产，他便立即从事另一项。他敏锐、活跃，像赌徒一样热衷于投机活动的各种机会，但谨慎小心，多少有点狡黠，并没有发展到弄虚作假，而只是滑头，他这样的人依靠这句话逃脱一切灾难：<u>走着瞧吧</u>！倘若他们总是不能到达命运的顶端，至少在充满阴谋和野心的环境中为自己选就了一个合适的位置；当他们终于爬上显赫的位置时，人们会惊异于他们迅速的升迁，把他们称为命运的宠儿。人们不知道他们经过多少磨难曲折,经过多少艰苦考验和大胆努力,才换来机遇。

蒂莫泰依次当过咖啡店伙计、玻璃镜子制造商、流动商贩、毛皮商、店员、旅店老板、江湖医生和财产管理人,始终追随某个穆斯林,或者为这个穆斯林效劳;因为当时的希腊人不管到什么地方,无法从土耳其人的统治下解放出来,否则一踏上祖国土地便要判处死刑。蒂莫泰决不想断绝回国的后路,他深谙国内各种商业经营。他做过好几个商人的代办,他们派他到德国、法国、埃及、波斯、西西里、莫斯科公国,尤其是意大利,威尼斯当时是同东方进行贸易的最大货物集散地。在到这些不同地方的旅途中,蒂莫泰以令人难以相信的速度,如果不是准确地,至少也是轻而易举地学会讲他旅游过的国家不同的语言。威尼斯方言是他掌握得最好的语言之一。花布商阿布尔-阿梅是个巨商,他的车间在科学岛[①],不久前聘用蒂莫泰为监工、记账员、译员,等等,对他非常信任,虽然毫不显出理解或赞同,却津津有味地倾听他的俏皮话和机智的唠叨。

必须顺便提一下,土耳其人过去是,至今仍然是世界上最诚实可靠的人。因此,他们在买卖中拍板成交非常简单,不谨慎得令人赞叹。他们仇视书写,不知道运用合同和出自西方法律的千百种欺诈作假。他们的口出之言比签字、印章和证人更有价值,在交易中,甚至被外国人看作是足够的保证。在阿布尔-阿梅、蒂莫泰和斯帕达先生生活的

[①] 希腊在伊奥尼亚海的岛屿,盛产酒、乳香等。

时代,在威尼斯的交易所还不曾有过一例土耳其人的破产。今日可以举出两件。土耳其人不得不跟随时代前进,向智慧的支配地位表示敬意。

土耳其人尽管受希腊人和威尼斯人——它们是同样贪婪、诡计多端和欺诈有术的民族,所不同的是,亚得里亚海东岸的人是西岸人的榜样和老师——千百次欺骗,他们还是依然故我,仿佛每天不得不让这些委托人骗子任意剥夺。他们的头脑怠惰,只会以武力去统治,不能缺少文明民族的斡旋。今日,他们干脆呼吁文明民族去援助他们。从今以后,他们任希腊人摆布,这些灵巧的奴隶善于使自身成为必不可少的人,以诡计和智力的优异去报复所受的压迫。但在这些精明的强盗中间,也有几个正直的人。归根结底,蒂莫泰是个正派人。

由于他体格清瘦,乍看之下,威尼斯女人对他都不屑一顾;但一个多少有点头脑的画家却不会觉得他这样毫无价值。他黄蜡蜡的脸色更衬托出皓齿和服白的洁白,这种对比构成了东方人身上的美,希腊塑像使我们对此不会产生怀疑。他的头发细得像丝绸,总是洒上玫瑰香水,像乌木那样又黑又亮又长,胜过意大利女人的头发,她们平日只看到扑上粉的头,缺乏高雅的欣赏趣味;最后,他的脸容灵活多变,目光闪射出深邃的光芒,令人注目,即使他所打交道的人不认识他的脸孔和身体会透露出胜过他们一筹。

他是来跟斯帕达先生谈生意的,那时暴雨差不多止好把斯帕达送到韦奈兰达公主的冈朵拉内。他看到洛蕾达娜太太独自待在柜台里,她满脸愠色,于是他不愿坐在铺子里,决定去喝杯冰冻果汁饮料,到离斯帕达家不远的总督府的拱廊下抽根烟,等候丝绸商回来。

总督府的长廊结构差不多像巴黎的王宫长廊那样。底层用作店铺和咖啡馆,中二楼的窗户被长廊的天花板遮掩住,这一层由店家居住,或者用作饮料商的书房;不过,夏天喝饮料的人多,椅子和小桌子堵塞了咖啡馆外面的人行道,而且占据了圣马可广场,广场的长廊外面支起了帐篷。

蒂莫泰坐在正对着查柯莫的铺子上面一排窗户的一张小桌旁;他的目光偷偷瞥向这一边时,他看见一只女人的漂亮臂膀戴着黑绸无指手套,好像在向他打手势,但他还未看清之前,手臂便胆怯地缩了回去。这一套重新开始,蒂莫泰毫不造作地将他的椅子和小桌子移近那扇有名堂的窗子。于是,他所预见的事发生了:一封信落在放丁香蛋白杏仁甜饼的篮子里。他一声不响地拿在手中,藏在钱包里,一面注意到洛蕾达娜的杌陧不安,她不时走近底层的玻璃窗去观察;但她什么也没看见。蒂莫泰回到咖啡厅,打开信来看,他无拘无束,因为他从主人那里得到允许,今后可以看写给主人的信,再说,他知道阿布尔要理解信的内容,不可能缺少他。

阿布尔-阿梅:我是一个受到虐待和压迫的可怜姑娘;我知道你的船过几天要扬帆出海;你肯给我一隅之地,让我躲到希腊吗?据说你善良豪爽;你会保护我,让我住在你府上;我母亲曾告诉我,你有几个妻子和许多孩子;我来照料你的孩子,为你的妻妾刺绣,或者在你的车间里纺绸,我要做你的奴隶;但我作为外国人,你会尊重我,对我另眼相看,你不会忍受别人迫害我,让我放弃我的信仰,也不会让别人蔑视我。我寄希望于你和人类的上帝。

玛泰娅

蒂莫泰觉得这封信很古怪,他看了好几遍,直到弄懂了内中含义。他不是一个一点拨就明白的人,待他好不容易弄清楚以后,他从这封吁求一个陌生人保护的信中,看到某种类似爱情,其实不是爱情的东西。他时常看到玛泰娅又大又黑的眼睛带着怀疑、恐惧和期望的古怪表情,盯住阿布尔俊美的脸孔;他想起她母亲的愠怒和把他支开的愿望;他考虑自己该怎么办,然后用信点燃烟斗,付过冰冻水果饮料的钱,他看到查柯莫老爷出现在广场的那一头,便迎上前去。

蒂莫泰走近查柯莫时,丝绸商正想着要得到从伊兹密尔①运来的一船丝绸,这些丝绸正像当时所做的那样,在威尼斯染色。然后这些丝绸将运回东方,进行加工,或者看情况在威尼斯加工和销售。这桩买卖他觉得前景辉煌,十拿九稳;但是,一块巉岩从山巅掉到平静的湖面,也不及蒂莫泰这几句话在他心中引起波澜翻卷:"亲爱的查柯莫老爷,我受主人阿尔-阿梅的委托,向你致意,并请你还清两千西昆的一张账单,账单将在月底,也就是再过十天,送到你府上。"

这笔款子差不多等于斯帕达先生买下他看重的、从伊兹密尔运来

---

① 土耳其港口。

的那船货物所需要的钱,他原来打算把这笔钱用在这上面,庆幸能得到阿布尔更长时间的信贷。"对这个要求你千万别惊奇,"蒂莫泰用轻松的语调对他说,一面佯装没看到他脸色刷白,"要是可能的话,阿布尔会给你一整年时间来付款,就像至今他所做的那样;我向你发誓,非常遗憾,这样乐于助人和慷慨大方的一位先生,出于无奈,也许要引起你小小的不愉快;但他有一笔大买卖要做。我们认识一艘伊兹密尔商船,刚运来一船生丝。"

"是的,我已经听说了。"斯帕达嗫嚅说,越来越惶恐不安。

"伊兹密尔这艘商船的船主,进港时获悉他的财产遇到可怕的麻烦事;他必须不惜一切代价出售库存,他必须前往科尔孚,他的仓库都在那里。阿布尔想利用这个机会,而又不损害这个伊兹密尔商船船主的地位,以两千五百西昆买下他的货物;对双方来说,这都是一桩好买卖,而且能使阿布尔的正直品质增色,因为据说此地向伊兹密尔商船船主出的最高价是两千西昆。阿布尔拥有超过这笔款子的钱,指望着你给他签字的记名本票;你不会推迟执行签约,我们知道这一点,亲爱的查柯莫老爷,请你相信,要不是机会难得……"

"噢!无赖!至少你别再啰唆了,"烦恼不安的斯帕达心里暗忖,"刽子手,你让我错过我一生最好的买卖,还来当面对我说,给你付钞!"

但是,这些内心感叹却在斯帕达先生的脸孔上变成勉强的微笑和惶惑的目光。"什么!"他抑制住深深的叹息,终于说,"阿布尔怀疑我的信用,为什么未到期他就要付清?"

"阿布尔永远不会怀疑你的信用,这你早就知道了,迫使要你付款的理由,老爷刚才已经听到了。"

他确实听得一清二楚,因此他张皇失措地合起双手。末了,他恢复了勇气说:

"但你知道,在约期未到之前,我没有义务付款吧?"

蒂莫泰仍然平静和蔼地回答:"如果我记清我们买卖有清单的话,你应该见票即付。"

"唉!唉!蒂莫泰,你主人要追逼我,不惜用争执手段要求我执行合同?"

"当然不是这样;因此,五年来,他给了你时间,收回你盘进的货物所付出的钱,以便付款;可是,今天……"

"蒂莫泰,一个穆斯林是说话算数的,人人都这么说;你主人多次口头上答应,始终给我同样的自由;必要时我可以提出证人,那么……"

"那么你能得到什么呢?"蒂莫泰猜出了他的话,接口说道。

查柯莫回答:"我知道,这样的口头诺言不能约束任何人,而我们却可以把那些有约在先的人不守信用的行为公之于众。"

蒂莫泰平心静气地接着说:"这就是说,你要污蔑这样一个人,他的口袋里揣着你签过字的见票即付的期票,他曾让你五年中对他无限信任!一旦这个人不得不让你严格遵守诺言,你就向他提出莫须有的许诺;不过,大家不会污蔑阿布尔-阿梅,你所有的证人会证实,阿梅口头上对你作了这个让步是带着限制的,准确的文字是这样的:斯帕达先生不会在一年之内被要求付款,除非有特殊情况。"

"除非阿布尔在港口的货物全部损失,"斯帕达先生打断说,"而眼下情况不是这样。"

"除非有特殊情况,"蒂莫泰镇定自若地重复,"我不会搞错。这句话从现代希腊语译成威尼斯语,而且是通过我的嘴译文才送到你耳朵里,亲爱的老爷,因此……"

"我得跟阿布尔谈一谈,"斯帕达先生大声说,"我必须见到他。"

"随你的便。"年轻希腊人回答。

"今晚吧。"斯帕达说。

"今晚他会到你府上。"蒂莫泰接口说,他向不幸的查柯莫再三致意,然后走开。查柯莫尽管平日彬彬有礼,这时却没想到向他回礼,忧心如焚地回到铺子里。

他头一件事是把自己的倒霉事讲给妻子听。洛蕾达娜可没有丈夫那样温和平静的脾性,但她的心地更为无私,性格更加高傲。她严厉责备他犹豫不决地履行诺言,尤其眼下他们的女儿对这个土耳其人不妙的激情,应该让他们把土耳其人支使开他们家当作一条律令。

可是她不能使丈夫同意这个见解。在他们的抢白中,他表现出形式上的灵活性,这挽回一点他的见解和意图的坚定不移。他终于让她下决心把女儿送到乡下韦奈兰达公主的别墅里过几天,公主向他提出这个建议,答应在玛泰娅走后圆满地了结阿布尔的买卖。再说,土耳其人做完这桩买卖后便要启程,只要把姑娘放到一个至今安全的地方就是了。"你搞错了,"洛蕾达娜说,"他要一直待到他的丝绸可以运走的时候,如果他在这里染色,不会很快染完。"不过她同意把女儿送到保护人家里。斯帕达先生向妻子隐瞒了,他同阿布尔今晚订了约会,而且打算在广场上或咖啡馆里接待阿布尔。他远远避开他的霍奈丝塔的目光,利用这段时间上楼到女儿卧房里,大声自诩要数落她一顿,却悄悄打算去安慰她。

他疲倦和激动得气喘吁吁地跌坐在一张椅子上,对女儿说:"唔,你脑子里想什么?这个疯狂的念头过去了吧?"

"没有,爸爸。"玛泰娅用尊敬然而坚定的声调说。

"噢!以圣母的名义,"查柯莫大声说,"你当真爱着这个土耳其人,这是可能的吗?你想嫁给他?救救你的灵魂吧,你以为嫁给土耳其人以后,教士肯给你领天主教的圣体吗?你有自由吗?难道你不知道你会关在后宫?你有自尊心吗?你会有十五或二十个情敌。你有嫁妆吗?你使用不了你的嫁妆,你是奴隶。你可怜的父母呢?你要离开他们住在群岛之中?你的故乡和朋友呢,还有上帝和你的老父亲呢?"

说到这里,斯帕达先生十分激动,他女儿走过来吻他的手;但她竭力不显出激动,她说:

"爸爸,我在这儿受到囚禁、压制,等于奴隶,就像待在最野蛮的地方一样。我不埋怨你,你对我总是十分和蔼,但你不能保护我。我要到土耳其去,我不会成为一个有二十个妻妾的男人的妻子或情妇;只要他愿意,我会做他的仆人或朋友。如果我是他的朋友,他便会娶我,休掉他的二十个妻妾;如果我是他的仆人,他会养我,而不会打我。"

"打你！打你！以基督的名义，这儿不会打你。"

玛泰娅一言不发，但她的沉默具有雄辩的力量，使她父亲不攻自破。他们俩半晌缄口不言，一个不想用说话来辩护，另一个让对方胜诉，却不敢承认。

他终于说："我承认，你有过不顺心的事，不过听我说，你的教母要把你带到乡下，这会使你消愁解闷；再没有人使你心烦意乱，你就会忘掉那个土耳其人。唔，答应我这样做。"

"爸爸，"玛泰娅说，"能否忘掉他不取决于我；请相信，我对他的爱情是不知不觉产生的，如果他不报我以爱情，我永远不会屈从他。"

"令我放心的是，"查柯莫先生笑着说，"他根本不会向你表示爱情……"

"你怎么知道，爸爸？"玛泰娅在自尊心受到伤害之下，这样说。这句话使斯帕达又担心又惊讶。他想，说不定他们已经有了默契，说不定他爱她，通过希腊人牵线，引诱了她，以致什么也不能阻止她走向毁灭。正当他对这个设想感到惊恐时，不知怎么搞的，那两千西昆，那艘伊兹密尔商船和白丝绸来到他脑际，他的心充满了希望和欲望。也不知怎么回事，唯利是图的愿望通过何种神秘的线，把这两种相反的感情联结起来，使得查柯莫打算检验一下阿布尔对他女儿的感情，利用这种感情给阿布尔一个虚幻的希望。出卖一个少女的尊严，有着那么多堂而皇之的方法！只要让阿布尔回过头来，不经意地哼着小曲，交换一个眼光，就能达到目的。斯帕达听到广场上的大钟敲响了同阿布尔约会的时间。时不我待，有许多顾客可能已经在港口围住了那艘伊兹密尔商船!

"得,戴上你的面纱,"他对女儿说,"到外面溜一圈。黄昏的清凉气息会使你舒适,我们可以更平心静气地谈谈。"

玛泰娅依从了。

"你把这个昏头昏脑的姑娘带到哪里去?"正当他们走出铺子时,洛蕾达娜站在他们面前,高声说道。

"我们去看公主。"查柯莫回答。

母亲让他们过去。他们走不了几步,便遇上阿布尔和他的译员,他们迎上前来。

"我们到祖埃卡河上转一圈,"查柯莫对他们说,"我妻子病倒在家,我们在外边可以更好地谈生意。"

蒂莫泰微笑一下,明白他已经嫁接成功。玛泰娅十分吃惊,满腹狐疑,不知怎么回事,独自坐在冈朵拉的船舱上,裹上她的黑色花边披风。阿布尔全然不知他周围和由于他发生的一切,在冈朵拉的另一头抽烟,神态庄严,就像一个大人物在干一件大事那样。这是一个真正的土耳其人,庄重,神气活现,俊俏,他要么匍伏在寺院中,要么脱下拖鞋上床。查柯莫以为比他们都更精明,开始对土耳其人殷勤备至;但每当他把目光投向女儿时,心中油然而起后悔之感。"今天再看看他吧。"他心中这样对她说,一面看到玛泰娅濡湿的大眼睛透过面纱闪闪发光,注视着阿布尔。"得,显得漂亮一些,让他觉察到你爱他。我把白丝绸拿到手以后,你再回到笼子里去,我把钥匙拿走,揣在兜里。"

五

美丽的玛泰娅看到自己被父亲带到这个圈子里来,理所当然感到吃惊。开初,她担心父亲说出蠢话,或者可笑地提亲;但听到他热烈而兴味浓烈地对蒂莫泰谈生意,她似乎明白了自己是被用作钓饵或者赌注,她父亲好像对她的婚事待价而沽。她感到受了侮辱和伤害,她对这种行为所感到的不由自主的蔑视,使她越发想摆脱压抑她或损害她的家庭权威。

如果她意识到阿布尔的无动于衷和她与他之间合法婚姻的不可能性,她对斯帕达先生就不会这样铁面无情了。但是,自从她一时兴起,决意对阿布尔怀有热烈情意以后,她便陷入胡思乱想,她已经深信,阿布尔的爱情先于她的爱情,他已经向她的双亲宣布了,因此,她母亲想逼迫她尽快嫁给她的表兄契柯。今天早上,她听到斯帕达先生诅咒这两个外国人,说他们是狗和崇拜偶像,如今,她父亲又对他们彬彬有礼和殷勤备至,这就进一步证实她的看法是对的。这个看法取悦她的想象,她天生的高傲和敏感要起来反对她成为某种交易的对象;

她生怕自己成了向穆斯林设下陷阱的同谋,便裹紧了披风,脸色阴沉,默默无言,表情冷淡,犹如一尊塑像,尽可能远地离开阿布尔。

但蒂莫泰却决意尽可能拖长这出喜剧以取乐;他爱诙谐的天才,创造和演出了这幕喜剧。而阿布尔既没想要回他的两千西昆,买下白丝绸,又没想过玛泰娅如何漂亮。蒂莫泰就像一个爱捉弄人的守护财宝的地精,使查柯莫先生陷入轮番不断的担心和期望之中,延长他的激动。查柯莫催促蒂莫泰把这个提议告诉阿布尔:跟他平分买下这笔伊兹密尔丝绸,提出用现金支付,以这笔生意的利润来归还阿布尔的两千西昆。但他不敢猜想玛泰娅在这场谈判中扮演的角色,因为从阿布尔的矜持姿态中还丝毫没透露出她受到热烈追求。蒂莫泰始终推迟正式提亲,说是阿布尔正在抽烟时打搅他,他会很不高兴,对人粗暴。蒂莫泰想看看威尼斯人可憎的贪婪心会发展到什么田地,使他同意在祖埃卡河右岸下船,同他女儿和穆斯林坐到咖啡馆的帐篷下。蒂莫泰在那儿开始侃侃而谈,在场的人要是明白他轮流讲的两种语言,一定会感到饶有趣味;他一面对查柯莫说话,订立合同条件,一面转身对着主人说:

"斯帕达先生对我谈起,你至今宽厚仁慈,从不使用见票即付的期票,愿意等到合适的时候再取款;他说,同你这样讲信义的商人打交道,是再也找不到了。"

阿布尔回答:"告诉他,我祝愿他生意兴隆,路途上不会遇到吃闭门羹的人家,他睡觉时邪恶的目光不会落在他身上。"

"他说什么?"斯帕达赶紧问。

"他说,这有很大困难,"蒂莫泰说,"去年,我们那里的桑树遭受严重虫灾,塔夫绸损失了三分之一,我们跟科尔孚的商人合作,他们平分我们的利润,却不分担费用。"

这场古怪的交谈就这样进行下去;阿布尔丝毫不去注意玛泰娅,斯帕达对女儿的魅力开始感到失望。蒂莫泰为了使他一手制造和导演的复杂局面更加复杂,提出同斯帕达走开一会儿,私下里告诉斯帕达一件重要的事。斯帕达很高兴终于能了解到实际情况,便跟随他来到河岸边说话声听不到的地方,但始终能看到玛泰娅。因此,她跟土耳其人近乎单独相处。

最后这个行动在玛泰娅看来很不妙,证实了她所怀疑到的事实。她以为父亲用阴险的方式鼓励她的追求,催促她去诱惑对方,更稳妥地愚弄这个穆斯林。她像年轻人那样判断偏颇,不仅以为父亲想拖延付款,而且以为他想食言,以女儿的频送秋波和名誉去交换他收到的土耳其货物。威尼斯人这样对待土耳其人是十分罕见的,而且查柯莫老爷当着她的面运用这么庸俗的诡计,想从他们身上再多榨取几个西昆,玛泰娅从表面上不无理由地担心,陷入这样一桩阴谋中。

她只看重自己的自尊心,不由得恼怒起来,对能使土耳其商人知道真相感到洋洋自得。正巧她同他单独在一起,她便拿定了主意,撩开一点面纱,俯向把他们隔开的桌子,咬清每个音节,尽可能地简化句子,让他听懂,她说道:"我父亲骗了你,我不想嫁给你。"

阿布尔吃了一惊,或许对她眼睛和脸颊的光彩感到有点神迷目眩,不知怎么去想,起先以为她在吐露爱情,便用土耳其语回答:"我也爱你,如果你愿意的话。"

玛泰娅不知他回答什么,更慢地重复她的第一个句子,还加上一句:"你明白我的话吗?"

阿布尔于是注意到她脸上更平静的和更自信的高傲,便改变了主意,随口回答:"随你的便,小姐。"

玛泰娅第三次重复她的警告,一面竭力改换和增加几个字,从她严峻的脸容看来,以为明白了她在对他发火。于是,他在心里搜索可能冒犯她的地方,想起他没送过她什么礼物;他以为在威尼斯同在他到过的好几个地方一样,这是对合作者的女儿必不可少的礼节,他考虑了一下能马上送给她什么礼物,以弥补自己的遗忘。他只找到一只装满口香糖的水晶盒子,平时他随身携带,不时按本国习惯嚼一颗。他从兜里掏出这份礼物,放到玛泰娅手中。由于她推拒,他生怕缺乏高雅仪态;而且想起见过威尼斯人去吻与之接触的女人的手,于是他吻了玛泰娅的手,并且很想再说点讨人喜欢的话,他把自己的手按在胸前,庄重而一本正经地用意大利语说:"你的朋友。"

这简单的话,这坦率而热诚的动作,阿布尔高贵而俊美的脸孔,使玛泰娅产生强烈印象,她毫不犹豫收下这样光明正大地赠送的礼物。她以为对方理解了她的话,把她的新朋友的行动看作尊敬和信赖的表示。"他不知道我们的风俗,"她寻思,"我拒绝他的礼物,一定会伤他的心。但他说的朋友这个词,表达了他和我之间的一切纠葛:神圣的光明磊落,骨肉般的情谊;我们的心是相通的。"

她把盒子揣进怀里说:"是的,朋友,终身至友。"她非常激动,快乐,充满温情,放下心来,放下面纱,恢复平静。阿布尔对完成了礼节表示感到满意,认为自己所赠送的高加索水晶盒和只有琪奥岛才出产、当时由大贵族垄断的非常珍贵而罕见的产品——口香糖,是具有相当价值的礼物。他怀着这种信念,拿起镀金的钥匙,泰然自若地喝完冰冻玫瑰水果饮料。

其间,蒂莫泰一心要折磨斯帕达先生,神色端庄地给他讲一些最无关紧要的话,每当蒂莫泰看见他惴惴不安地回头去看他的女儿时,便对他说:"谁会使你这样坐立不安,我亲爱的老爷?玛泰娅小姐不是一个人在咖啡馆里。她不是在我的东家的保护下吗?我的东家可是小亚细亚最风流倜傥的男子呢!请相信,对高贵的阿布尔-阿梅来说,这段时间不显得太长。"

这些狡黠的想法似乎将千百条蛇放进了查柯莫受折磨的心灵里,与此同时唤醒了希望买到白丝绸所依赖的唯一机会,查柯莫心想:"得了,既然已经做错了,那就尽量加以利用。只要我妻子不知道,一切都容易安排和弥补。"

于是他开始盘算有多少盈利。他说:"亲爱的蒂莫泰,请相信你的东家提供过许多这类商品。我十分熟识那个出两千西昆的商人(就是他本人),我向你起誓,这是个适中的价格。"

"什么!"年轻的希腊人回答,"我设想,如果这是你出的这个价,你难道不尊重一个同行的不幸处境吗?"

"这不是我,蒂莫泰,我太熟悉从可尊敬的阿梅那里学来的好方法,绝不会与只牵涉到他的买卖上进行竞争。"

"噢！我知道,"蒂莫泰庄重地说,"你不会暗地里离开你公开从事的那门商业,你不是从供应商那里夺取合理利润的那类商人;当然都不是!"

这样说着,他盯住查柯莫,脸孔却不露出任何讽意,查柯莫老爷在做买卖方面相当狡猾,他顶住这种注视,脸孔却不显露任何阴险的表情。

"我们去跟阿梅把事情定下来吧,"蒂莫泰说,"我们都是有信用的人,本应一开口就相互了解。"他用土耳其话对东家说:"斯帕达先生刚对我提出,归还今年欠你的款;我们哪天需要钱,他就那天送上门。"

"很好,"阿布尔回答,"告诉这个正直的人,目前我不需要钱,我的钱放在他手里比放在我的船上更加安全可靠。一个品德高尚的人的信誉,就像陆地上的巉岩,而海浪则像窃贼的话。"

"我的东家让我跟你以最光明正大和对双方都最有利的方式,了结这件买卖,"蒂莫泰对斯帕达先生说,"明天我们来具体磋商,如果你愿意我们一起到港口去看看货物,我们一早就来带你去。"

"上帝保佑!"斯帕达先生大声说,"但愿他能主持公道,让这个高贵的穆斯林改信真正的信仰!"

在这声感叹之后,他们分手了,斯帕达先生把女儿带回她卧房,他亲热地拥抱她,在心里请她原谅利用她的激情当作赌注;然后他准备审查当天的账目。但他平静不了多久,因为洛蕾达娜手里捧着一只匣子来找他。这是她刚为女儿准备的几件衣服,她要丈夫明天天一亮就把女儿带到公主家。斯帕达先生可并不这么急于把玛泰娅送走;他竭力回避催促，但看到如果他游移不决把女儿带走的话，他妻子决定亲自将女儿送到修道院，便不得不向妻子承认，他的买卖成功与否只决定于玛泰娅在铺子里多留几天。这个消息使洛蕾达娜勃然大怒，但更糟的是，她不留情面地盘问丈夫，让他说出，他非但没去参加公主的晚会，反而到咖啡馆里，在玛泰娅在场的情况下，对那个穆斯林说话。她猜测出斯帕达先生一再让步，情况越来越严重，使出手腕让他说出实情，理所当然地对他发火，骂了他个狗血喷头，不过这是他罪有应得。

正在争吵时，玛泰娅半脱衣服，走了进来，跪在父母中间说："妈妈，我看出我是家里不和的争吵对象；请让我永远走出这个家门吧。我刚听到你们争吵的话题。爸爸以为阿布尔－阿梅想娶我，而你呢，妈妈，你以为他想引诱我，把我同他的妻妾关在他的后宫里。要知道你们俩都搞错了。阿布尔是一个正派人，他的信仰无疑不许他娶我，他也并不这样想，他决不想买下我，也决不想把我看作他的妾。我要求过他的保护，在他的工场干活，过素衣淡食的生活；他同意了，让我得到你们祝福，请你们让我到琪奥岛去生活吧。我在教母家看过一本书，我在书中看到，那是一个美丽、宁静、工业发达的地方，在整个希腊，这是土耳其人统治最宽厚的地方。我会很贫穷，但十分自由，妈妈，一旦你眼前再也没有厌恶的对象；爸爸，一旦你眼前再也没有不安的对象，你们就会更安静些了。今天我看到，你们对财富的关心主宰了你们的心灵；我的出走会使你们免去一份嫁妆，而没有嫁妆，契柯是决不会娶我的，这份嫁妆远远超过两千西昆，如果阿布尔不是一个正派人，既值得爱、更值得尊敬，那末你们宁愿牺牲女儿的安宁和名誉，也要这两千西昆。"

她的父母亲听完这篇讲话,惊得目瞪口呆;这个浪漫的孩子说完话后,朝天抬起一双美丽的眼睛,回想起阿布尔的形象,以便取得力量;一刹那间,她仰翻在一张椅子上,被她母亲狠狠打了一下,洛蕾达娜在愤怒中真要发狂了。斯帕达先生惊惶万状,想扑向她们母女俩,但洛蕾达娜使劲推开他,他倒在桌上。"你别插手,"泼妇叫道,"否则我杀死她!"

与此同时,她把女儿推回卧房;由于玛泰娅出自仇恨,带着造作的镇定要求她留下烛台,她便把烛台向女儿头上扔去。玛泰娅额头上裂开一道口子,看到鲜血往下淌,她对母亲说:"就凭这个,你可以毫不留恋、毫不后悔地把我送到希腊。"

洛蕾达娜恼怒至极,真想把她杀死;但这个女人在狂怒中惊恐起来,比挨打的女儿更感不幸,一溜烟走了,关上门,上了两道锁,气势汹汹地拔掉钥匙,扔给她的丈夫;然后跑到自己房里关起来,她扑倒在地上,可怕地痉挛着。

玛泰娅擦去淌到脸上的血,看了一会儿她母亲出去的那扇门;然后她划了一个十字说:"永远走掉!"

一眨眼工夫,她的床单被绑在窗上,这扇窗正好紧位于铺子的上头,离地只有十至十二尺。几个迟归的行人看到一个影子滑下来,消失在总督府幽暗的过道下,一会儿,这个影子钻进一只停在广场旁边的冈朵拉里,小船的灯遮蔽着,船从圣摩西桥下经过,随着落潮,沿大运河迅速划走了。

我请读者不要过分责备玛泰娅，她有点狂热，刚挨了打，受到死的威胁；她满脸是血，再说她只有14岁。如果造化过早给了她美貌和一个女人的不幸，而她的理智和谨慎还只够得上孩子的水平，那么这就不是她的过错。

她脸色刷白，瑟缩发抖，屏息静气，仿佛担心被发觉自己待在冈朵拉里面，她被船载着走了有一刻钟左右。待她看到清真寺三角形的锯齿状尖顶黑魆魆地呈现在月光如水的天空中时，她吩咐船夫停在土耳其人小运河的入口。

威尼斯的清真寺是一座并不漂亮的建筑，但不是没有特色，两侧像超载似的是些小建筑，在这个世界上最美的城市中，以其层层叠叠和不规划，呈现出奥斯曼王朝野蛮的景象，在欧洲人的艺术中显得没有生气。这种寺院与粗俗建筑的混合，在威尼斯称作"土耳其建筑"。小房子全部由土耳其人居住，他们的商行就设在里面，待到明月当空，他们要跪在静寂的清真寺里度过夜晚漫长的时光。

在流经这些建筑的大运河和小运河形成的拐角上，有一幢建筑可以说只是一个孤零零的房间外壳，有几米高的地方向水面突出。一小片延续部分形成一个漂亮的平台：我说漂亮是由于装点平台的蓝色帆布帐篷和几株好看的夹竹桃。在威尼斯，月光下待在这样的地方，完全可以当作一个美妙的隐居地。阿布尔－阿梅就住在这里。玛泰娅时常见到他在黄昏时坐在夹竹桃中间的毯子上抽烟，才知道他住在这里；另外，每次她父亲同她坐船从土耳其建筑前经过，他都把这间简陋的屋子指给她看，屋子的位置引人注目。他说："这就是我们的朋友、最正直的商人的屋子。"

到这房子去要经过一条路,路的上方有一个设在墙上的壁龛,保护一盏灯,灯的后面过去有、现在还有一尊石头圣母像,完全凿在土耳其清真寺的中腹,而邻近的建筑都重叠在寺院的基础上。这两种信仰融洽无间,异教徒和邪教徒①之间的友爱关系,不是容忍,更不是仁慈,而是唯利是图,利益是一切民族的财神。

玛泰娅沿着环绕屋子的湿漉漉的石阶拾级而上,直至她不期然地来到一道狭窄、阴暗的石阶前。一扇门仅仅插上门闩,朝她打开了,然后她来到一个正方形房间,单一的白色,没有任何装饰,家具只有一张很矮的粗木床,盖着一条金线大红毯子,一叠开司米方垫子,一盏埃及陶土灯,一只镶嵌珠贝的雪松木匣,几把刀,几把手枪,几把匕首,几只极其贵重的烟斗,一件刺绣华丽的上衣,值到四百至五百塔勒②,一条斜挂在房里的绳子用作大柜。一只装满金币的科林斯铜盆放在一把土耳其弯刀旁边,然后是阿梅的钱袋和锁。他的镶嵌着红宝石和碧玉的短枪,放在床上,他的床头上方的墙壁刻写着很大的阿拉伯字母组成的一句格言。

玛泰娅掀起用作窗户的挂毯门帘,看到阿布尔在平台上赤着脚,面对月亮跪着。

夜晚,一个单身女人来到他的房间里,就像一只蚊蚋飞过,并不扰

---

① 土耳其人对基督教徒的蔑称。
② 日耳曼帝国时期的大银币。

乱他的祈祷；他祈祷时纹丝不动，不由得使少女产生了敬意。她想，母亲殴打女儿，会使人犯下地狱的罪！铁石心肠和蛮横无理的人会下地狱吗？

她跪在房门口，求上帝保佑，等待他做完祈祷。他做完后向她走来，凝视着她，想同她交换几句双方都不理解的话；然后，他一下子明白这个姑娘爱上了他，便决意不装作冷酷无情，含笑不语，他唤来他的奴隶，后者睡在露天的高台上。他吩咐端来果汁、蜜饯和冰淇淋。然后他开始装满最长的樱桃木烟斗，递给这幸运之夜的女伴。

玛泰娅没有料到她的主人的想法，不过她开始感到非常困窘：他丝毫不懂她的话；幸亏这时另一只冈朵拉同时顺大运河而下。这只冈朵拉也灭了灯，表明船上也有艳遇。这只冈朵拉十分雅致，全身漆黑，船体细长，非常干净，像一只闪闪发亮的大锯，由广场最好的两个舵工行船。被征服的那个小姐独自躺在蒙着黑色绸缎的舱里，她的腿懒洋洋地平放在垫子上，她灵活的手指不经意然而飞快地拨弄着一只吉他。吉他只有在威尼斯才真正算得上是种乐器，因为威尼斯是个既安静又响亮的城市。每当一只冈朵拉掠过这粼光闪闪的黑河时，或者每一划桨像一道闪电划入水中，像雹点般清晰而发狂的小音符轻轻地，在一只看不见的手掠过的琴弦上跳跃飞动时，人们便想停下脚步，抓住这微弱、然而明晰的旋律，它刺激行人的耳鼓，沿着高楼大宅的浓重阴影飘逸而去，仿佛呼唤美人来到窗前，经过时对她们说："对你来说，这不是小夜曲，你不会知道它来自哪里，又飘向何方。"

这条冈朵拉是阿布尔在威尼斯逗留的几个月里租下的那只船，而弹吉他的人是蒂莫泰。他去一个歌女家里赴宴，一路上他用琴声作弄那些妒忌者或者在阳台上守候情人的女子，以此作乐。他不时在一扇窗户下停住，等着那女子俯下身隔着面纱低声呼唤情人的名字，以便回答她："这不是我。"然后继续往前，重弹诙谐的歌曲。正是由于他常作短暂的停留，他时而越过，时而落后于载着玛泰娅的那只冈朵拉。每当他驶近，逃跑的姑娘便会害怕起来，她担心受到跟踪，几乎在吉他声中认出了他的嗓音。

玛泰娅走进阿布尔的房间已有五分钟左右，这时蒂莫泰正从土耳其建筑前面经过，注意到这只没有灯光的冈朵拉，他在路上已经遇上过，如今停泊在土耳其人的圣母像圣龛下。阿布尔没有习惯在这种时候接待拜访，再说，像蒂莫泰这样明智敏感的人，大概一下子就想起玛泰娅。他把冈朵拉停在玛泰娅那只船的旁边，匆匆上岸，看到玛泰娅正从阿布尔手里接过一只烟斗，并快要得到意料不及的一吻，不过，土耳其人责备自己让她太想得到这一吻。蒂莫泰的到来改变了情况；阿布尔有点不高兴，"你退走吧，我的朋友，"他对蒂莫泰说，"你看到我正在交好运呢。"

"东家，遵命，"蒂莫泰回答，"这个女人是你的奴隶吗？"

"不是我的奴隶，而是我的情妇，就像意大利人时髦的说法；至少她快要做我的情妇，因为是她来找我的。刚才她同我说话，但我听不懂。她长得不错。"

"你觉得她漂亮吗？"蒂莫泰问。

"不是非常漂亮，"阿布尔回答，"她太年轻，太纤细；我更喜欢她的母亲,这是一个丰腴的漂亮的女人。不过,在外国也只能将就应付,况且拒绝这个姑娘所希望得到的东西,那就会失礼了。"

"要是我的东家搞错了呢?"蒂莫泰又说,"要是这个姑娘到此有别的意图呢?"

"你真的这样认为吗?"

"莫非她什么也没对你说?"

"她说的话,我一句不懂。"

"她的神态向你表明了她的爱情吧?"

"没有,我做祈祷时她一直跪着。"

"你站起身时她还跪着吗?"

"没有,她也站了起来。"

"那么……"蒂莫泰瞧着美丽的玛泰娅说,她脸色煞白,缄默不语,谛听着这场谈话,可怜的疯狂的姑娘可是一句也听不懂!现在要逃走还来得及啊。蒂莫泰用有点冷冰冰的语气对她说:"小姐,你希望我向你的东家提出什么要求呢?"

"唉,我什么也提不出,"玛泰娅热泪盈眶地回答,"我向愿意收留我的人提出给我藏身之地和保护;今天早上你不是向他翻译了我的信吗?你看,我受了伤,血迹斑斑;我受到虐待和重重压制,以致我不肯在父母的家里多待一个小时;我这就要躲到我的教母吉卡公主家里,但她只肯让我短时间内摆脱压抑我的痛苦,而我想永远逃脱这痛苦,因为她很软弱,又很虔诚。倘若阿布尔愿意告诉我他哪天启程,同意让我乘上他的双桅帆船到希腊去,我就远离此地,一辈子在他的工场干活,向他表明我的感激……"

"我应该把你的爱情也说出来吗?"蒂莫泰用尊敬然而委婉的语气问。

"我想,无论在我的信里还是在我刚才对你说的话里,都谈不上这个,"玛泰娅回答,脸色从苍白转到愤怒的殷红,"我感到你的问题很古怪,而且在我目前的处境下是很残酷的;至今我一直信赖你的友谊。我看出,我的所作所为使我失去了你的尊重,但请问,这能证明我对阿布尔-阿梅有爱情吗?"

"很好,"蒂莫泰寻思,"这是一个没有头脑,但并非没有心肝的姑娘。"他向她深表歉疚,对她保证,她理应得到他东家的救助和敬重,同样理应得到他的救助和敬重,于是他对阿布尔说:

"东家老爷,你对我始终非常温和、慷慨,你肯给这个姑娘所要求的东西,肯给你的忠仆即将向你提出的东西吗?"

"说吧,"阿布尔回答,"我决不会拒绝像你这样的仆人和朋友。"

蒂莫泰说:"这个姑娘是我的未婚妻,通过神圣的诺言同我缔结了婚约,她请你恩准搭你的双桅帆船,同我们一起启程,到琪奥你的工场去干活谋生;我呢,我请你答应把她带走,让她成为我的妻子。这个姑娘懂得做生意,会帮助我管理我们的买卖。"

"并不需要她对我们的买卖出力,"阿布尔庄重地回答,"只消她是我的忠仆的未婚妻,我成为她真诚和光明磊落的主人也就够了。你可以带走你的妻子,蒂莫泰;我决不会掀开她面纱的一角,即使我看到她躺在我的吊床上,我也不会去碰她。"

"这个我知道,东家,"年轻的希腊人回答,"你是知道的,一旦你问我要我的脑袋,我会跪下来献给你,因为我欠你的胜过欠我父亲的,我的生命属于你,胜过属于给我的那个人。"他对玛泰娅说:"小姐,你信赖我东家的荣誉做得完全对,你所有的愿望都会得到满足,如果你愿意答应我送你上你教母家,我就会认得该到什么地方去通知你,在帆船启程时去找你。"

玛泰娅或许期望从阿布尔那里得到不那么乐于助人的回答,不过她仍然对他的正直胸襟十分感动。她为此对蒂莫泰表示她的感谢,一面暗暗遗憾,他表明敬重的诺言时没有带上一句多少有些情意的话。蒂莫泰让她登上冈朵拉,把她送到韦奈兰达公主的府里。她对这大胆的举动感到不知所措,这种举动是由于兴奋最初的勃发而产生的盲目自发行为,以致她一路上不敢对同伴说一句话。

"如果人家把你带到乡下,"蒂莫泰在公主府第不远处跟她分手时对她说,"请让我知道你到哪里去了,请放心,到时我会去找你的。"

"兴许他们会把我关起来。"玛泰娅忧郁地说。

"如果他们使我无法嘲弄看守们,他们是够狡猾的。"蒂莫泰又说,"这个吉卡公主不认识我;要是我出现在她面前,你不要显出见过我。再见,鼓足勇气。小心别对你的教母说,你不是直接从你家到她府上的。不久我们会再见面。"

六

　　蒂莫泰没有上他的歌女家,而是回到自己家里,沉思凝想起来。天色微明,他躺在床上歇息一下奔波不停的机体时,他一生的计划已经酝酿成熟,制定了下来。蒂莫泰不像阿布尔那样,是个朴实天真的人,一个真诚无私的角色。在某种意义上,他远远高出于阿布尔,而在另一方面也不亚于阿布尔多少,因为他的谎言从来并不缺德,他的猜疑从来不会毫无道理。他具有一个坏蛋所必须的灵巧,却没有欲望和毅力要成为坏蛋。一旦他需要以精明和谨慎来对付骗子手时,他会向他们表明,在手段上可以超过他们,而不需从事他们的职业。他的行动具有一种深邃、有预见、会算计和坚忍不拔的性质。他时常说谎,但从不欺骗;他的手段总是用来帮助好人,反对恶人。一切必不可少的都是正确的,能产生善的不会是恶的,这些就是他的原则。这个反映土耳其伦理的原则,表明了一切人类准则的虚无和疯狂,因为奥斯曼帝国的暴君们以此来砍掉稍生疑窦的朋友。蒂莫泰照样出色地运用到他的一切行动中。至于他个人的正直品质,一句话就足以证明:这就是他曾被十个远远不如他灵活的东家雇用过，而他为他们效力时没有攒过最小的商品。这是个快活的小伙子，热爱生命，花掉挣来的微薄工资，既不会挣钱，又不会攒钱，但一心想发财致富，日思梦想，就像抚摸一个很难得到的、确定了脸上也有光彩的情妇那样。

他在生活中最珍贵的和最合理的希望，是有朝一日发财致富，在意大利或者法国安身立命，摆脱一切羁绊和约束。不过，他热烈而真诚地爱着他出色的东家阿布尔。他对这个轻信的老板玩弄诡计时（这总是为老板效劳，因为阿布尔要是把自己最初的想法用于做买卖，他总有一天要破产），我是说，他欺骗老板是为了使老板发财时，从来没想到要嘲讽老板，因为他非常敬重老板，在他眼里，他的其他主人身上愚蠢的成分，在阿布尔身上则成了崇高的东西。

尽管他有这种依恋之情，他还是想摆脱这种劳碌的生活，颐养天年，至少过上享受的生活，不再用自己的智能去为他人服务。倘然他有大量金钱，做大宗买卖会使他发财；但他资本不够，他不肯做小买卖，尤其他冷冷地一言不发，拒绝了那些想使他损害阿布尔－阿梅的利益，从中得利的人隐约其词的话。斯帕达先生是这样做的，但由于蒂莫泰不想听明白，正直的丝绸商适可而止，没有暴露自己，自我庆幸表现得相当灵活。

一门有利的婚姻是蒂莫泰梦想的主要目标。不是征服傻瓜和懦夫，而是征服一个有才智的女人的心，他想象不出有什么比这更美好的了。由于他不愿屈就年老色衰的老人，他野心勃勃要既得到幸福又很富有，他想遇到并征服一个年轻美貌、可爱机智的姑娘，可以认为他这样奢望机遇不多。这回他终于用手指触碰到这个希望了。他早就力图吸引玛泰娅的注意,他最终使她产生了敬意和友情。发现她对阿布尔怀有爱情,令他心烦意乱了一阵,但经过考虑,他明白了这怪诞的爱情原是一个处在愤怒之中的孩子想逃避严父严母的梦幻,说是要跑到仙女岛上去,因此他大可不必担心。有一阵子他并非出于泄气,而是出于厌弃,差点儿放弃了自己奋斗的事业;因为他想以占有玛泰娅的方式来爱她,他担心她严词斥责。但他发现,这个姑娘的行为仅仅怪诞而已,他自信胜她一筹,可以改变她,造就他们俩的幸福。她还要时间成长,蒂莫泰既不想、也不希望早几年得到她。必须以摧毁她心中的爱情开始,然后才能在她心里建立起对他的爱情。蒂莫泰感到,一个人能运用来使人憎恶自己的最稳妥的方法,就是去同一个受到属意的情敌去斗争,自己亲临现场。相反,他决计表面上去讨好玛泰娅的感情,同时以她意识到的事实来摧毁她的感情。为此,他不需要否认阿布尔的品德,蒂莫泰不愿这样做,但他能突出这个穆斯林的心不可能接受一个女子的爱情,而对这个感到老妈妈洛蕾达娜比她的女儿更漂亮的明智的业余鉴赏家,也不会带来什么抱憾的损害。

韦奈兰达公主由于玛泰娅在不适宜的时间到来,打扰了她宝贵的睡眠。在威尼斯本没有什么不适宜的时间,但无论什么地方,一个女人的所有习惯都从属于保持鲜艳气息这一头等重要的大事。为了补充漫漫长夜的休息得到的红润脸色,她正在搽一个美容膏,这是她以高价从一个阿拉伯巫师手里买到的配方。她对玛泰娅的来访感到相当狼狈,匆匆擦拭油膏,想决不让人猜到她需要求助于美容术。她听过玛泰娅的诉说后，真想斥责这个姑娘一顿，因为她根本不理解处于亢奋状态的想法；但她不敢这样做，生怕像一个老妇人那样行动，对她的教女显出自己是个上了年纪的人。由于她有这种担心，玛泰娅才能欣慰地听她这样说："我替你打抱不平，亲爱的朋友；我知道年轻人热烈的头脑是怎么回事；我至今仍然不够明智。咱们女人之间说句知心话，人们应该互相宽容。既然你找我来了，我对待你就会像对待亲妹妹那样，留你住几天，直到你母亲消怒，我知道，她有点过分严厉了。在这期间，你就睡在我的书房的躺椅上，我马上派人到你父母家去，以便他们发现你不辞而别后不至于不安。"

第二天，斯帕达先生前来感谢公主好意款待一个不幸发狂的姑娘。他相当严厉地对女儿说话。但他不安地在观察，以致他无法竭力隐藏女儿额头上有个伤口。他承认这没有什么了不起，他请求公主私下听他说几句话；他同她单独在一起时，他从兜里掏出那只阿布尔送给玛泰娅的水晶匣。他说："瞧这件首饰和药丸，是这个可怜的不幸的姑娘在她母亲打她时从怀里掉下来的。她只能从那个土耳其人或从他的仆人那里收下这匣子。殿下对我提起过护身符和春药：这莫非是能够引诱少女，使之堕落的类似毒药吗？"

"以神圣的十字架的钉子起誓，"韦奈兰达大声说，"可以断定就是！"

但待她打开匣子，察看过糖锭后，她说："我觉得这是口香糖，甚至是一流的质量，真正的胶姆糖。不过，必须浸一颗在圣水里试试看，我们会看到这是否能经受试验。"

试验做过了,这些糖锭名不虚传,既不产生爆裂声,也不散发出丝毫硫黄味。韦奈兰达把匣子还给了斯帕达先生,他谢过她,请她尽快把他女儿从威尼斯送走,然后抽身告辞了。

这个决心使他花费了高昂代价,因为他随之失去了得到白绸的希望,他重又担心要支付两千"总督"金币。他按古老的传统,如此称呼西昆金币,因为钱币上的人像是一个跪在圣徒马可面前的威尼斯总督。Doze a Zinocchion 对老百姓来说至今仍然是共和国的西昆的同义词。这种钱币由于年代久远,在博物馆和书房中博得了一席之地,于今依然在威尼斯流通,东方人宁愿要这种钱币,而不是别的货币,因为它是很纯的金子铸造的。

可是,阿布尔-阿梅在祈祷时显得尤其仁慈,因为他从不想到要勒索斯帕达先生;由于那个老滑头企图暗地里把白绸夺到手,拆自己慷慨的债主的墙脚,蒂莫泰感到不同斯帕达先生合作,让他的东家得到这批货物是合情合理的。伊兹密尔的船主阿赛姆深感满意,因为阿布尔比他所希望的多给了两千西昆,而斯帕达先生经常责备妻子由于发火,给他造成了不可弥补的错误。但当那个泼妇气势汹汹地握紧拳头作为回答时,他便立即闭上了嘴,虽然他万般烦恼,可是自信要到年底才支付他宝贵的"总督"金币,像他所说的"蜜枣"时,他也聊以自慰了。

韦奈兰达和玛泰娅离开了威尼斯,但这不过是避居到美丽的比尔赛洛岛,被囚禁的姑娘要在那里避开与敌人为邻。公主在岛上有一幢迷人的建筑,午休后可以坐冈朵拉从威尼斯来这里吃晚饭。蒂莫泰在十一点与午夜之间搭乘捕牡蛎的小船,来这儿并不困难。

玛泰娅和她的教母坐在长满埃及无花果和芦荟的平台上,她沉思的大眼睛忧郁地仰望着初升的明月,月光使平静的水波染上银色,给亚得里亚海的黑色波涛洒上了银白色的鳞片。难以描绘世界上这一角天穹的美;当大海比美丽的湖泊更清澈、更宁静时,有谁独自在黄昏泛舟海上,陷入遐想,就会了解此中乐趣。这幅景象对神情严肃的玛泰娅来说,多少弥补了风雅而狭隘的老姑娘对她所说的平淡乏味的蠢话。

骤然间,似乎风吹来了远处一首曲子断断续续的微弱音符。在威尼斯的水巷上,音乐不是罕有的东西,但玛泰娅确信认出了曾经听到过的乐声。一只小船出现在远方,在浩渺的银色水波上酷似一个难以觉察的黑点。小船逐渐靠近,蒂莫泰的吉他声变得更为清晰了。末了,小船停在离城不远的地方,歌声唱起一首爱情浪漫曲,曲子的隐喻极其夸张,复调总要提到韦奈兰达的名字。可怜的公主早就没有什么艳遇了,因而她对这首浪漫曲的诗情画意并不挑剔。她整晚和第二天整日价娇滴滴地谈论这件事,而且作为她柔情脉脉的评论的寓意,她还大声补充了对这类女人不幸的激昂感叹;她们无法摆脱美貌带来的麻烦,无论何处都不得安生。第二天,蒂莫泰来到更近的地方,唱起一首更荒唐的浪漫曲,公主觉得比另一首更美。下一天他派人送来一封情书,第四天他亲自来到花园,拿稳了公主已叫人拴住了狗,让所有的仆人都去安寝了。她并非在青春焕发的年华才风流不羁的。她从来既不保存美德,也没有恶习,但凡是来到她家,满口奉承话的男子,都保准受到款待,以示感谢。蒂莫泰已摸清了情况,在她只有一个人的时候,扑到这位老太太的脚下,他不用担心她会昏倒——她势必会这样,滔滔不绝地向她表白情怀,她听得美滋滋的;为了救他一命(因为他做事不会吞吞吐吐,正如一切风流子弟在他的地位所作的那样,他威胁要在她面前自尽),她应允让他不时来吻她的裙裾。不过,由于她坚持不给教女作出坏榜样,她嘱咐她的卑微的奴隶不要承认自己是那个唱浪漫曲的歌手,而是作为来自莫雷的亲戚出现在她的别墅里。

翌日,这个由她的教母在早上宣布的所谓的侄子以蒂莫泰的面貌出现时,玛泰娅在饭桌上大吃一惊;但她忍住了不认得他,直至过了几天她才大着胆子跟他说话。她暗地里从他那里得知,阿布尔忙于他的丝绸和染布事宜,要一个月后才返回他那个岛去。这个消息使玛泰娅很颓丧,不仅因为这令她担心不得不回到母亲家里,以后她就很难再逃出来了,而且因为这样一来她对阿布尔的心已对她产生印象的希望就很小了。这种对她的命运的冷漠态度,而且对赚钱比对她更喜爱,如同对她的自尊心甚至于对她的心戳了一刀;因为我们要承认,我们很难相信,她的心在这部描写强烈激情的小说中起到真正的作用。不过,这颗心是高尚的,受伤的自尊心受到的侮辱产生了痛苦和耻辱之感,但内心不掺杂任何背叛和怨怼;她不断崇敬地谈起阿布尔,怀着某种热情想念他。

不到一星期,蒂莫泰就成为专向韦奈兰达献殷勤的侍从骑士。对她来说,这么大的岁数,居然找到一个年轻俊美、十分机智的小伙子,既弹得一手好吉他,又心甘情愿为她拿扇子,捡花束,对她敢说出轨的话,给她写限韵诗,没有什么比这更愉快的了。而他小心翼翼,要肯定斯帕达夫妇在城里走不开,不会来这里在公主脚下发现他,才到托尔赛洛来。公主只知道他是查沙里亚·卡拉齐亲王。

在漫长的夜晚,乡间的无拘无束使蒂莫泰能留住玛泰娅,尤其因为常常有人来拜访,吉卡夫人出于名节的考虑,吩咐她的侍从骑士在花园等她,而她在客厅会客;其间,由于她在世上所担心的莫过于失去他,她嘱咐教女给他作陪;有把握教女十四岁的魅力无法同她的魅力相颉颃。年轻的希腊人趁机利用,他没有提起自己的企图,对此他讳莫如深,而是向她点清阿布尔真正的性格。阿布尔无非是个风流的游侠骑士,尽管生性温柔、善良,却叫人将一个通奸的妻子投到井里,仿佛这是不折不扣的一只猫。同时他给她描绘土耳其人的风俗,后宫的内幕,违犯家法的不可能;土耳其人的家法把女人变成属于男人的一件商品,而决不是妻子或朋友。他告诉她,阿布尔在后宫除了二十个妻妾以外,还有一个合法的妻子,她的孩子要比其他小妾的孩子得到更精心的抚养,阿布尔爱他的妻子,就像一个土耳其人所能爱他的妻子那样,这就是说,比烟斗更喜爱一些,比他的马爱得差一些,这些话给玛泰娅以最后一击。蒂莫泰鼓动玛泰娅别处在这个大老婆的淫威之下,大老婆醋性发作时,会让阉奴扼死她。由于他是以谈话的方式说这些话的,不显出给她警告的样子;而她或许不相信警告。这些话给她的脑子以深刻印象,使她如大梦初醒。

与此同时,他处心积虑地告诉她一切能使她想去琪奥的情况,说什么她在他管理的工场里会享有完全自由和宁静的生活。他还说,她能够在那里施展她从父亲的职业中学到的技能，这可以使她不至于，在阿布尔身边不好意思而不由得脸红。最后，他给她绘声绘色地描绘了那里的景色，丰饶的田野，罕见的物产，观光的愉快，感到掌握和行使自己命运的魅力，于是她活跃的头脑和好强、爱冒险的性格便从这新的角度去展望未来。蒂莫泰还很有心计，没有完全摧毁她浪漫的爱情，这是她出走的最可靠的保障，他自我庆幸用不着去战胜这爱情。他给她留着点希望，告诉她，阿布尔经常到工场里去，他在那里众望所归。她寻思，她至少有看到他的快乐；至于蒂莫泰，他太了解东家的话了，以致不用担心这种见面的后果。待蒂莫泰大功告成，在玛泰娅的脑子里带来了他预期的成果，他便催促东家扬帆出海，阿布尔对他唯命是听，没费周折就同意了。夜半时分，一只小船来到托尔赛洛，把出走的姑娘接走，径直驶到玛拉纳运河，小船系在河边的木桩上，船只在这里要穿过浅滩。当那艘双桅帆船经过时，阿布尔亲自扔给蒂莫泰一根缆绳，因为他宁愿带走三十个女人，也不愿让这个忠仆留下。漂亮的玛泰娅安顿在船上最华丽的房间里。

七

这件祸事之后大约三年,韦奈兰达公主有天上午独自待在托尔赛洛的别墅里,身边没有教女,没有侍从骑士,眼下没有别的人,只有她的小狗、侍女和一个年老的神甫,他还不时给她做一首情诗或藏头诗①。她坐在一面华丽的穆拉纳镜前,察看着理发师在她二八年华之时那种小心翼翼和盎然兴趣,在她头上耸起的美不可言的危然发式。这始终是同一个女人,没变得更丑、更可笑,同过去一样头脑空虚,缺乏感情。她保留着古怪的趣味,这种趣味主宰了她戴什么首饰,希腊妇女离乡背井后就有这种特点,想把异地的装饰堆在她们服装的装饰之上。眼下,韦奈兰达的头上包着土耳其头巾,插着鲜花、羽毛,扎着丝带,一部分头发扑了粉,另一部分染成黑色。她想在这一大堆东西上再加上金穗饰,这堆东西已使她酷似拉封丹所描绘的用羽毛装扮起来的鼬。这当儿,她的小个子黑奴来禀报她,有一个年轻的希腊人要见

---

① 这种诗每行第一个字母连续,则构成作者、被题献者的名字或表示主题的词。

她。她叫道:"天哪!这大概是忘恩负义的查沙里亚吧?"

"不,夫人,"黑奴回答,"这是一个很漂亮的年轻人,我不认识他,他要单独跟您说话。"

"上帝保佑!又有一个侍从骑士从天而降,"韦奈兰达心想;她让身边的人退走,吩咐把陌生人从暗梯带进来。他出现之前,她匆匆最后对着镜子瞥一眼,向卧房走去,想试一试用裙环撑开的裙子的优雅,搽一点胭脂,然后仪态万方地出现在那个奥斯曼土耳其人面前。

这时,一个潇洒英俊、或者美得像童话故事中的王子那样的年轻人,身穿希腊的华贵服装,奔到她的脚边,握住她的一只手,热烈吻着。

"停下来,先生,停下来!"韦奈兰达惊惶失措地叫道,"不能这样在单独见面时趁机利用一个女人的惊讶和激动,放下我的手;你看,我浑身战抖,都想不到抽回自己的手。你是谁?我以上天的名义问你!这样冒冒失失的冲动,难道不该使我害怕吗?"

"唉!亲爱的教母,"漂亮的小伙子回答,"你认不出你的教女了吗?有罪的玛泰娅来向你请求饶恕她的过错,并以悔恨来赎罪。"

公主果真认出了玛泰娅,发出一下叫声。玛泰娅可是长大了,壮实了,头发深褐色,女扮男装显得非常漂亮,使公主产生幻觉,以为在脚边是个迷人的小伙子。"我会原谅你的,"她抱吻玛泰娅说,"不过,这个坏家伙查沙里亚,或者家人们称呼他那样,叫蒂莫泰,他怎么从不在我跟前露面?"

"唉!亲爱的教母,他不敢这样出现,"玛泰娅说,"他留在港口把我们载来的货船上,这条船装了满满一船白绸,运到威尼斯。他让我为他说情,向你述说他的内疚,请求你原谅他。"

"决不!决不!"公主嚷道。

然而,她收下不忠实的侍从骑士赠送的一块华丽的卡什米料子后,变得和颜悦色了,竟然把玛泰娅回来内中的古怪和有趣的原因置诸脑后,察看起这漂亮的礼物,披在肩上摆弄一番。她很欣赏效果,于是谈起蒂莫泰不那么刻薄了,问起他从什么时候开始成了船主,做起买卖来了。

"从他成了我的丈夫开始,"玛泰娅回答,"阿布尔借给他五千西昆,他才开始走运。"

"什么!你嫁给了查沙里亚?"韦奈兰达大声说,从这时起她把玛泰娅看成了情敌,"他在这里对我许下那么美好的誓言,为我写出那么出色的四行诗,而爱的却是你吗?噢,真是像在我怀里捂热的一条小蛇那样忘恩负义!我从来没爱过这个轻浮的年轻人;上帝保佑,我美妙的心一直抵挡住了爱情的魅力,但你们俩侮辱了我……"

"唉!不,我善良的教母,"玛泰娅回答,她已学会一点丈夫那种耍弄人的狡猾伎俩,"蒂莫泰当真发疯地爱上了你。你好好回忆一下,你就不会怀疑。他对你的不屑一顾感到绝望,想到自杀。你知道,我呢,我的小脑袋瓜里对我们可尊敬的老板阿布尔-阿梅充满了想象的激情。我们一起动身,我为的是追踪我疯狂的爱情目标,蒂莫泰则为的是逃避你的严厉对待,这使他成为最不幸的人。时间和分离逐渐地使他的痛苦平息下来,但创伤永远不曾愈合,请你相信这一点,夫人;不瞒你说,我请求你原谅他时,为了想得到它而心惊胆战,因为我一想到你的注视给他产生的印象便要害怕。"

"放心吧,亲爱的孩子,"吉卡夫人宽慰地回答,一面抱吻她的教女,向玛泰娅慈爱而友好地伸出手去,"我会记住如今他是你的丈夫,我会为了你怜惜他的心,同时对他表现出严厉,我认为对失去理智的爱情就应如此。全靠神圣的圣母,我一直保持美德,再加上我对你的爱护,使我将严厉与谨慎地对待他当作一个责任。但请给我解释,你对阿布尔的爱情是怎么烟消云散,而你又怎么决意嫁给你并没爱上的查沙里亚的。"

玛泰娅回答:"我抛却了徒劳无用的爱情,变为明智、真正的友谊。蒂莫泰对我的所作所为非常出色、细腻、圣洁,他对我体贴入微,关怀备至,以致我感激涕零地顺从了他的爱情。待我们知道我母亲去世时,我曾希望得到父亲的原谅和祝福,我们一起来是恳求他,指望着你能说情,啊,善良的教母!"

"我尽力而为,不过我怀疑他会原谅这个查沙里亚,我是想说这个蒂莫泰,原谅蒂莫泰对他玩弄了阴谋诡计。"

"我希望他能原谅,"玛泰娅又说,"我丈夫的地位如今相当不错,他的才干在商界遐迩闻名,与他联姻好像对我父亲决不至于不利。"

公主马上吩咐备船,把玛泰娅送到斯帕达先生家里。他好不容易才认出了穿着琪奥岛服装的女儿,一旦他确信这就是她,便向她伸出双臂,真心实意原谅了她。第一阵柔情的冲动过去之后,他又数落和埋怨起来;一旦他了解到玛泰娅的命运状况,他便得到了安慰,想马上到港口去看女婿和女婿运来的白绸,以礼相待。蒂莫泰以极低的价钱把白绸卖给他,对此毫不需要后悔,因为斯帕达先生对蒂莫泰的敬重很感动,对女婿做生意的灵巧有强烈印象,在没有承认女婿的婚姻,让女婿了解自己所有的买卖之前,是不会放他回琪奥岛的。在短短几年内,蒂莫泰的财产直线上升,可以归还他敬爱的阿布尔借给他的那笔钱,但他怎么也不能使阿布尔收下利息。斯帕达先生有点恋恋不舍地放弃了管理自己的商号,曾几何时便谈起跟女婿联合做买卖。玛泰娅终于成了两个漂亮的孩子的母亲,查柯莫感到自己年老体衰,把商号、书籍和资金让给了蒂莫泰管理,自己保留了一大笔年金,以支付日常开销。他一面小心谨慎地要安度晚年,一面总是说,他并非不信任女婿,同时重复着这个商人的谚语:做买卖就是做买卖。

蒂莫泰终于主宰了他等待和期望已久的大笔财产,得到了他所爱的漂亮妻子,他小心翼翼从不计妻子觉察出来,他早有深谋远虑。他是做得对的。玛泰娅始终相信他的爱情始自琪奥岛,由于她的孤独和不幸而引起,完全是无私的。即使她有点搞错了,她依然是幸福的。她的丈夫一生都向她证明,他爱她胜过爱金钱,漂亮的威尼斯女人的自尊心这样确信是有好处的:从蒂莫泰的形象看来,谋利的想法在他的心灵里从来找不到位置。那些想知道生活底蕴的人,那些宰掉生金蛋的母鸡想看看鸡肚子里有什么的人,要谨慎从事啊!不用说,即使玛泰娅在婚后失去了继承权,蒂莫泰也不会亏待她,他可能不会感到任何气恼,像他这样的人不会让别人遭受厄运之苦,因为对他们来说并没有真正的厄运。阿布尔－阿梅和蒂莫泰一生都是合伙人和挚友。玛泰娅一直生活在威尼斯,在她的铺子里,在她为其送终的父亲和孩子们中间，她是一个慈母。她不断说，她要在孩子们身上弥补她对母亲犯下的罪过。蒂莫泰每年都到琪奥岛，而阿布尔有时到威尼斯来。每次玛泰娅与他久别重逢，都要感到激动，而她的丈夫慎之又慎，从不表示察觉。阿布尔倒确实一无所察，像意大利人那样吻她的手，对她说他唯一学会的一句话：你的朋友。

至于玛泰娅，东方各种现代语她都说得非常好，做买卖时，她几乎像丈夫一样精明能干。有几个威尼斯人记得见过她。对一个女人来说，她变得有点过于发福了，而且东方的太阳把她晒成青铜色，以致她的美带上了一点男性的意味。或许正因如此，或许由于她在琪奥岛、后来在威尼斯做买卖的生涯中染上的习惯，她始终保留优雅的琪奥式服装，这服装对她非常合适，使所有外国人都把她看成小伙子。在这种场合下，韦奈兰达虽然年老色衰，但还身子挺得笔直，沾沾自喜于怀抱中有一个这样漂亮的侍从骑士。公主将一部分财产留给了这对幸福的夫妇，条件是把她裹在一件金线织成的长裙里下葬，并照顾好她的小狗。

魔　沼

一　作者致读者

> 用你满脸的汗水,
>
> 换得赖以生存的面包;
>
> 一生劳顿,历尽坎坷,
>
> 如今死神来召唤你了。

这首用古法文写成的四行诗,题在霍尔拜因①的一幅版画下面,朴实中蕴含着深沉的忧愁。这幅版画描绘一个农夫扶着犁耙犁田。广袤的原野伸展到远方,在那边可以看到一些简陋的木板屋;太阳沉落到山丘后面。这是一天艰辛劳动的结尾。农夫虽然年老,却很粗壮,衣衫褴褛。他往前赶的四匹套在一起的马儿瘦骨嶙峋,有气无力;犁铧铲在高低不平的坚硬的泥土里。在这个"流汗与苦干"的场景中,

---

① 霍尔拜因 (1497—1543),德国画家,善画肖像,代表作有《基督之死》、《写作中的埃拉斯姆斯》等。

只有一个家伙是轻松愉快、步履轻捷的，这就是一个幻想的人物，一具手执鞭子的骷髅，他在惊骇的马儿旁边，在犁沟里奔跑，鞭打着马儿，给老农夫作犁地的下手。这是死神，霍尔拜因带有寓意地把这个幽灵画入了一系列哲理和宗教题材的画里，这些画既阴郁，又滑稽，题名为《死神的幻影》。

在这个画集里，或者不如说在这个内容广阔的构图中，死神在每一页都起到作用，它是联结因素和主导思想；霍尔拜因再现了君主、大祭司、情人、赌徒、醉汉、修女、妓女、强盗、穷人、战士、僧侣、犹太人、旅游者，他那时代和我们时代的一切人；死神这个幽灵到处在嘲弄、在威胁，并且总是得到胜利。死神只在一幅画上没有出现①。在那幅画里，可怜的拉撒路②躺在财主门口的粪堆上，声称他不怕死神，不消说，因为他死后一无所失，而且他活着实际上也等于已经死去。

这种文艺复兴时期基督教中半属异教的禁欲主义③思想，真能使人得到安慰吗？信徒们能从这种思想中得到好处吗？野心家、骗子、暴君、酒色之徒，这些糟踏生命、被死神揪住头发的傲慢的罪人，无疑要受到惩罚；但是瞎子、乞丐、疯子、贫苦的农民，难道只因为想到死

---

① 实际上，霍尔拜因还有几幅其他的画里也没有死神出现。
② 拉撒路是一个生疮的乞丐，他病卧在财主门口，死后由天使领入天堂，事见《新约·路加福音》第十六章。
③ 禁欲主义：在伦理学中亦称"克己论"和"严肃论"，代表为古希腊罗马的犬儒学派及斯多葛派。禁欲论者鄙视物质生活，认为应克制欲望，发展理性，服从道德的绝对命令。

对他们不是苦难,就会如释重负,摆脱了他们长期的困苦吗?不!一种难以排除的忧愁,一种可怕的宿命思想,压抑在艺术家的作品之上。这好像是在对人类的命运发泄辛辣的诅咒。

霍尔拜因所看到的是辛酸的讽刺,是对社会真实的描绘。使他触目惊心的正是罪恶和不幸;而我们,另一世纪的艺术家,我们将描绘些什么呢?我们要在死亡的思想中寻找当今人类应得的命运吗?我们要乞灵于死,作为对不义的惩罚和对痛苦的补偿吗?

不,我们不再同死打交道,而是同生打交道,我们不再相信坟墓的虚无,也不再相信被迫的遁世换来的灵魂得救;我们希望生活是美好的,因为我们希望它丰富多彩。拉撒路应当离开他的粪堆,穷人也不必因财主的死而欣喜。人人都应该幸福,那末某些人的幸福也就不会成为罪恶,受到上帝的诅咒。农夫播种小麦时,应该知道他在为生的事业而劳动,他不应该为死神走在他旁边而感到快乐。最后,死亡既不应当是幸运的惩罚,也不应当是不幸的安慰。上帝既没有以死作为对生的惩罚,也没有以死作为对生的补偿;上帝既然祝福生命,坟墓就不应成为避难所,把那些得不到幸福的人都送到那儿去。

我们时代的一些艺术家,在严肃地看了一眼他们的周围以后,便热衷于描绘痛苦、贫贱和拉撒路的粪堆。这些也许属于艺术和哲学的范畴;可是,把贫困描绘得如此丑恶、如此可鄙,有时如此邪恶和如此罪恶,他们的目的达到了吗?而且效果是不是像他们所期望的一样有益呢?我们不敢妄加断语。有人也许会对我们说,只要指出在"富有"这层脆弱的土地下面是个深渊,就会使为富不仁者恐惧,正如在扮鬼跳舞①的时代,人们给这样的财主指出敞开的墓穴,死神随时准备把他抱在自己污秽不堪的怀抱里一样。如今,我们给他指出盗贼在撬他家的门,谋杀者正在窥伺他睡着没有。我们承认不太明白怎么给他写出穷人是个越狱的苦役犯和夜间的盗贼,就会使他对自己所蔑视的人性产生好感,就会使他关心他所畏惧的穷人的痛苦。在霍尔拜因和他的前人的画中,可怕的死神咬牙切齿,拉着提琴;他这个模样,并不能使恶人改邪归正,使受苦受难的人得到安慰。我们的文学在这方面的所作所为,不是有点儿像中世纪和文艺复兴时代的艺术家一样吗?

霍尔拜因笔下的酒徒,发狂似的斟满他们的酒杯,要赶走死的念头;死神对他们隐而不见,充当着他们的斟酒人。而今日,作恶的富人要修筑工事,买枪买炮,预防雅克团②式的暴动;艺术给那些富人指出,暴动正在暗中周密地酝酿,等待时机向现存社会发动袭击。中世纪的教会以出售免罪符来适应世上权贵的恐惧心理。当今政府却是让富人纳税,维持宪兵、狱吏、刺刀和监狱,来平息富人的不安。

阿尔贝特·丢勒、米开朗琪罗、霍尔拜因、卡洛、戈雅③都曾对他们

---

① 在中世纪,人们戴着雕刻的或绘画的面具,扮作各种年龄和身份的鬼,在死神带领下跳舞,隐喻人不免一死。
② 雅克团是在1358年5月28日爆发的一场农民暴动;雅克是贵族对农民表示轻蔑的称呼。
③ 丢勒(1471—1528),德国画家、雕刻家;米开朗琪罗(1475—1564),意大利画家;卡洛(1592—1632),法国画家;戈雅(1746—1828),西班牙画家。

的时代和他们的国家的弊端作过强有力的讽刺。这些都是不朽的作品,是具有无可否认的价值的历史篇章;我们并不想否认艺术家有权探索社会的创伤,并把这些创伤暴露在我们的眼前;但是,除了描绘恐怖和威胁以外,现在就没有别的事情可做了吗?在这种才能加上想象使之变得流行的、描写道德败坏的秘密①的文学中,我们更喜欢那些温柔可爱的人物,而不喜欢那些使人惊心动魄的坏蛋恶棍。前者可以引导队改恶从善,后者使人心惊肉跳。恐怖不能医治自私自利,反而使它变本加厉。

我们相信,艺术的使命是一种情感和爱的使命,今日的小说应当取代人类幼稚时期的寓言和隐喻的写法,艺术家除了提供一些谨慎的缓和的方法,减轻他的描绘所引起的恐怖以外,还有一个更重大和更富有诗意的任务。他的目的应该是使人喜爱他关怀的对象,必要的话,我不责备艺术家稍稍美化这些对象。艺术不是对实际存在的现实的研究,而是对理想真实的追求。因此,《威克菲尔牧师传》这本小说比《堕落的农民》和《危险的联系》②更有用,更有益于身心。

读者,请原谅我写下这些想法,就把它们作为前言吧。我要给您讲述的故事没有别的序言。这篇故事很短很简单,为此,我需要把自

---

① 此处指欧仁·苏(1803—1857)的小说《巴黎的秘密》和保尔·费瓦尔的小说《伦敦的秘密》。
② 《威克菲尔牧师传》是英国作家哥尔斯密(1728—1774)的小说,属于感伤主义作品。《堕落的农民》是法国作家雷斯蒂夫·德·拉布勒东(1734—1806)的小说;《危险的联系》是法国作家拉克洛(1741—1803)的名作。

己关于恐怖故事的想法告诉您,事先求得谅解。

  我不由自主地说了这些关于农夫的题外话。我打算而且马上要对您讲的,正是关于一个农夫的故事。

二 耕 种

　　我刚才带着深深的忧郁,对着霍尔拜因笔下的农夫看了很久,然后我漫步在田野里,沉思着乡村生活和农民的命运。农夫耗尽了气力和光阴,开垦这片不会轻易被人夺走丰富宝藏的土地,一天结束,这样艰苦的劳动唯一的报酬和收益是一块最粗糙的黑面包,这实在是一件可悲哀的事。这些覆盖在土地上面的财富,这些庄稼,这些果实,这些在茂盛的草地上吃得膘肥体壮的牲口,是几个人的财产和大多数人受苦受累与受奴役的工具。有闲者一般不爱田野、牧场、大自然的景色以及能换成金钱供他挥霍的健美的牲口这些事物本身。他到乡间小住,是要换换空气,调养身体,然后回到大城市去,享受他的奴仆的劳动果实。

　　另一方面,庄稼人太劳累、太不幸,对未来忧心忡忡,无心享受乡村的美和田园生活的情趣。在他看来,金黄的田野,美丽的牧场,肥壮的牲口,也代表着成袋的金币,他却只能占有其中微乎其微的一部分;他入不敷出,但每年还得装满这些该诅咒的钱袋,去满足他的主人,以获得省吃俭用,悲惨地生活在他主人的领地上的权利。

然而,大自然永远是年轻、美丽和慷慨的。它把诗意和美倾注给一切在它怀抱里自由自在发展的动植物。它掌握着幸福的奥秘,没有人能从它那里夺走。掌握劳动技能、自食其力、在自己的才智中汲取舒适和自由的人,也许是最幸福的人;他有时间在生活中运用心灵和头脑,了解自己的事业,热爱上帝的事业。艺术家在静观和再现大自然的美的时候,也有这种乐趣;但是,具有正直和仁慈心肠的艺术家,看到繁衍在这人间乐园的人的痛苦,他的乐趣会受到扰乱。在上帝的眼睛底下,精神、心灵和手臂协力工作,这样,在上帝的仁慈和人们心灵的欢乐之间便存在一种神圣的和谐,幸福也许就在这儿。这样,寓言画家就不用画手执鞭子、在犁沟中行走的既可怕又可恶的死神,而可以在农夫身旁描绘一个容光焕发的天使,把祝福过的麦种一满把一满把地播撒在冒着水汽的沟垄里。

对于一个庄稼人,梦想过上甜蜜、自由、诗意、勤劳和纯朴的生活,并不是那样难以实现的,不应把这看作是想入非非。"啊,庄稼汉要是了解他的幸福的话,那真是幸福啊!"① 维吉尔这句忧郁的充满柔情蜜意的话是一句惋惜的感叹;正像一切惋惜的感叹一样,这也是一个预言。有朝一日,农夫也会成为一个艺术家,即使不能表现美(那时这无关紧要),至少可以感受美。能不能认为,在他身上,这种对诗意的神秘直觉处在本能和模糊幻想的状态中呢?在那些今日享受到稍许宽

---

① 摘自《农事诗》卷二。

裕的生活的人们身上,以及在精神和智力的发展还没有完全被过度的不幸窒息的人们身上,能让人感觉、赏识的纯粹幸福,还是处在原始状态中;况且,从痛苦和劳累的胸腔里已经爆发出诗人的声音①,那末为什么有人还说手臂的操劳和心灵的活动是相排斥的呢?这种相排斥无疑是过度的劳动和极端贫困造成的结果;可是,我们不能说,当人们工作有节制和有成效时,世上就只有坏工人和坏诗人了。能在诗意的情感里汲取高尚情趣的人是真正的诗人,尽管他一生都没有写过一句诗。

我这样思索着,并没有发觉,由于受到外界的影响,对人的可教育性的信心在我心里加强了。我走到一专用田边,农民正在那里忙着准备就要到来的播种工作。田野是广阔的,如同霍尔拜因所画的一样。景色也是开阔的,深褐色的宽阔的土地镶嵌着绿色的宽线条,在这秋天临近的时节稍稍有些泛红;刚下的雨水在犁沟里留下一条条积水,太阳一照,像银丝一样闪闪发亮。这一天天气晴朗,风和日暖,土地被犁铧新翻过,散发出微微的水汽。在这块田地高处有一个老人,他宽阔的肩背和严肃的脸孔令人想起霍尔拜因笔下的老农,但从他的衣服看不出贫困;他沉着地推扶着那样式古老的、由两头沉静的牛拖着的犁。它们是牧场上真正的主人,毛皮浅黄,体形高大,略有点瘦,牛角很长,向下弯曲。这两头老牛,由于长年累月的劳动习惯,结成了"兄

---

① 指1840年左右出现的无产者诗人:织工马居、鞋匠萨瓦尼安·拉潘特、泥瓦匠沙尔·蓬西、理发师雅斯曼。乔治·桑曾热情地支持过他们。

弟",在我们乡下,老乡们就是这样称呼它们的;失去了其中一头,另一头会拒绝同新伙伴一起干活,最后忧郁而死。① 不熟识农村的人会把牛对同套伙伴的友情看成一种寓言。请他们到牛棚来看看吧,一头瘦骨嶙峋、精疲力竭的可怜的牲口,摆动尾巴,不安地拍打瘦削的腹部,怀着恐惧和轻蔑,对放在它面前的饲料喷着响鼻,眼睛总是转向门口,蹄子刨着旁边的空位置,嗅着它的伙伴套过的轭和链子,用悲惨的哞哞声不停地叫唤它的伙伴。放牛人会说:"看来要损失两头牛;它的兄弟死了,这一头不会再干活。最好把它喂肥宰掉;可它不肯吃东西,不用多久它就会饿死。"

那个老农不慌不忙地、默默地、不白费一点力气地干着活。驯服的耕牛同他一样从容;由于他持续不断、专心致志地干活,也由于他的体力训练有素、持久不衰,他犁起地来和他的儿子一样快;他儿子隔开一点地方,在一块比较硬而多石的地里,赶着四头不那么健壮的牛。

但是接着吸引我注意的是一片真正幽美的景致,对画家来说是一个庄严的题材。在一马平川的耕地的另一头,有个脸色红润的年轻人驾驭着一套出色的耕犁:四对年轻力壮的牲口,深色的皮毛杂有黑斑,闪射出火一般的亮光,头颅短粗,带有毛,具有野牛的气息,大眼凶恶,动作突兀,干起活来急躁乱动,对牛轭和刺棒还恼怒不服,在屈从新近强加给它的驾驭时还气得浑身颤抖。这就是所谓新上套的牛。驾驭

---

① 维吉尔的《农事诗》卷三写道:"农夫忧愁地要解开小公牛的套具,它为兄弟的死而伤心难过。"

这群牛的人要开垦一片不久以前还弃作牧场的土地,那儿布满了百年树根,这真是大力士的活儿,他的精力、他的青春和他那八头几乎还没有驯服的牲口刚能胜任。

一个六七岁的孩子,像天使一样漂亮,穿着罩衫,肩上披一块羔羊皮,活脱脱像文艺复兴时期的画家笔下施洗礼的小约翰①,他沿着同犁平行的一条犁沟向前走,用一根又长又轻、不太尖锐的刺棒戳着那几只牛的两肋。傲岸的牲口在孩子的手下战栗,使牛轭和系在额顶上的皮带轧轧作响,辕木也猛烈颤动。每当一个树根挡住了犁铧时,农夫便用有力的声音吆喝着每头牛的名字,与其说是鼓动,不如说是安抚它们;因为这群牛被突如其来的阻力激怒了,蹦跳起来,宽大的分趾的蹄竟挖出坑来。要是年轻人用吆喝声和刺棒都控制不住前面四头牛,让孩子管住另外四头,那末,这群牛便会带着犁,向斜刺里穿过去。可怜的小孩也吆喝着,竭力使声音显得凶狠,但像他天使般的脸庞一样,这声音仍然是很柔和的。景色、大人、孩子、轭下的公牛,这一切都有刚劲的美和优雅的美;不管这场征服土地的斗争多么激烈,却有一种轻柔与宁馨的气氛笼罩在这一切事物之上。待到阻碍克服,耕牛恢复平稳庄重的步履,那农夫本来装出的暴烈不过是一种精力的施展和活力的消耗,这时便立刻恢复那种纯朴的心的宁静,朝他的孩子投去了慈父的满意的一瞥;孩子也回过头来报以微笑。随后,这个年轻的父

---

① 施洗礼的小约翰是文艺复兴时期常见的绘画题材,米开朗琪罗的《圣家庭》和拉斐尔的《坐着的圣母》和《戴面纱的圣母》就是其中最著名的作品。

亲用雄壮的嗓音唱起又庄严又忧郁的曲子,这是当地自古流传下来的曲调,并不是所有农夫毫无例外都会唱,只有那些深谙怎样激起和控制耕牛的劲头的农夫才能唱得出来。这种曲调的起源被认为是神圣的,大概从前受到过神秘的影响,至今人们还认为它具有保持耕牛的劲头,平息它们的不满,排除它们对长时间干活厌烦的效力。只知道怎样驾驭它们,耕出一条笔直的垄沟,把犁铧提起或恰到好处地插入土中,以减轻它们的辛苦,这些都是不够的。倘若不会给牛唱歌,就决不是一个十全十美的农夫,这是一门特殊的学问,需要有鉴赏力和特殊技能。

说实话,这种曲调只不过是一种可以随意中断,又接唱下去的宣叙调。它的不规则的形式和不合理的音准,使它无法谱写下来。但这仍不失为一首动听的曲子,它和它所伴唱的工种、耕牛的步态、乡间的幽静、唱歌的人的纯朴是这样和谐一致,任何不熟识耕耘的天才都创作不出,除了当地聪明能干的农夫,任何别的歌手都复唱不出来。一年里除了耕种,在乡下没有旁的活儿和活动的时候,这种柔和而有力的曲子,仿佛微风一样悠然扬起;它的特殊调子同微风有某种相似之处。每个乐句的最后一个音符拖长颤抖,运气的力量大得难以令人相信,并提高四分之一音阶,就这样有规则地不合乐理[①]。这种唱法不符合规范,但它的魅力难以形容,听惯了这种曲子,就不能想象还能有别

[①] 我们今日的乐理只允许提高半个音阶,所以乔治·桑说农民的曲调不合乐理;其实,这是由于走音而使人觉得升了四分之一音阶。

的歌曲在此时此地升起而不致破坏了周围的和谐。

因此,在我眼前展现了一幅与霍尔拜因的版画完全不同的画面,尽管场景是一样的。不是一个愁容满面的老人,而换了一个精力充沛的年轻人;不是驾着两对肋骨突起、疲乏不堪的瘦马,而换了两组四头健壮暴躁的耕牛;不是死神,而换了一个俊美的孩子;不是绝望的图景和毁灭的观念,而换了精力旺盛的景象和幸福的思想。

这时,那首古法语四行诗"用你满脸的汗水……"和维吉尔的"啊,庄稼汉要是了解他的幸福的话……"同时浮现在我的脑海中。看到这男子和小孩如此俊俏的一对,在富有诗意的环境里,优雅与刚劲相结合,完成一件庄严伟大的工作,我真感到深深的同情,还夹杂着不由自主的惋惜。农夫是多么幸福啊!是的,不用说我在他的地位也是幸福的,如果我的臂膀骤然变得强壮,我的胸部也变得有力,能够这样使大自然物产丰饶,并歌唱大自然的话,而那时我的眼睛仍然能看到、我的头脑仍然能领会色彩和声音的和谐,色调的细腻和轮廓的优美,一句话,事物的神秘的美!尤其是我的心仍然能与神圣的感情交往,这种感情主宰了不朽的和崇高的创造。

可是,唉!这个男子从来不懂美的秘密,这个孩子也永远不会了解!……我决不这样想:他们并不比他们所驾驭的牲口高明,他们不会有令人心往神驰的启示以减轻他们的疲累,消除他们的忧虑!我在他们高贵的脑门上看到天主的烙印,比起那些用钱购买而拥有土地的人,他们更是生来的土地之王。他们也感觉到这一点,证据是:谁要让他们离乡背井不会不受到惩罚,他们热爱用他们的汗水浇灌的土地,真正的农民远离目睹他出生的田野,而去持戈披甲,是会死于思乡病的。可是这男子缺少一部分我拥有的非物质的享受——情趣,这本来应该属于他所有,属于这个浩渺的天穹才能包容的广大庙堂①的创造者所有。他缺乏对自己情感的认识。那些在他还在娘胎就判决他要受奴役的人,不能剥夺他幻想的能力,却剥夺了他思索的能力。

即使他不是十全十美,并且注定要永远处在孩提时代,他比起被学问窒息了情感的人还是要美得多。你们这些人,自以为享有不受时效约束的支配他的合法权利,你们不要凌驾于他,因为你们所犯的这个可怕错误,证明你们的才智扼杀了你们的心灵,你们才是人类中最不完美和最盲目的人!……我更爱他的心灵的纯朴,而不爱你们心灵的虚假光泽;如果要我来描述他的生活,我会因突出柔美动人的方面而感到莫大的愉快,你们的才能则在描绘他的卑贱,那是你们的社会箴言以严厉和轻蔑的态度把他推到那里去的。

我认识这个年轻人和这个漂亮的孩子,我知道他们的故事,因为他们有一个故事,人人都有自己的故事。一个人如果理解了自己的生平故事,他就会对它感到兴趣……热尔曼虽然是个农民和普通庄稼汉,但他了解自己的责任和爱情。他给我质朴、清楚地讲述过,我津津有味地聆听着。我看他耕地看了很久,心里想,为什么不把他的故事写下来呢,尽管这个故事有如他犁出的田沟一样简单、平直和不加雕饰。

---

① 浪漫派用词,意指大自然。

明年,这犁沟又将填平,被一条新的盖没。大多数人在人生的田野里,也是这样留下痕迹,复又消失。一点儿土就能抹掉它,我们所掘出的田沟一个挨着一个,宛如墓园里的坟茔一样。农夫的田沟难道比不上无所事事的人的田沟吗？即令这些人由于奇特的行为或某种荒唐的举动,在世上有了一点名声,留下了一个名字也罢。

　　那末,如果可能的话,我们就从遗忘的虚无之境中把聪明能干的农夫热尔曼的田沟抢救出来吧。他决不会知道,也决不会感到不安；但我将会因尝试一下而感到快乐。

三　莫里斯老爹

"热尔曼,"有一天他的岳父对他说,"你得打定主意再讨一个女人哪。你没了我的女儿转眼快两年了,你的大儿子已经七岁。你是将近三十岁的人了,我的孩子,你知道,我们这儿,一过这岁数,就算太老,不好成家啦。你有三个漂亮的孩子,他们一直没添我们什么麻烦。我的女人和儿媳妇尽心照顾他们,疼爱他们,尽到了本分。你看小皮埃尔快长大了;他赶牛已经赶得很不赖;他又聪明伶俐,会在牧场放牲口,力气不小,能把马儿牵到饮水的地方。他不再碍我们的事儿了;可另外两个小不点儿,上帝知道我们还是疼爱的,可怜这两个没娘的孩子,今年没少费我们的心思。我的儿媳妇快临产了,她怀里还抱着一个小不点儿。一旦我们盼呀等的那个来了,她就没工夫照顾你的小索朗日,尤其是你的西尔万,他还不到四岁,日日夜夜没个安生的时候,他像你一样,是个急性子:将来会是个好工人,可眼下是个淘气的孩子。他要溜到烘坑边,或者扑到牲口脚下,我的老伴可跑不快,追不上他了。再说,我的儿媳妇又会再生一个,她的老大至少在一年内就得让我女人抱着。照这样看,你的孩子真叫我们为难,成了我们的负担。我们不愿看到孩子们照顾不好;一看到照看不过来他们会出什么事,我们就安不下心来。所以你得再讨一个女人,我也得再有一个媳妇。我的孩子,你想想吧。我已经跟你讲过好几次了,光阴如箭,岁月不等人。为你的孩子,也为我们这些希望家里万事如意的人,你应该尽早结婚。"

"好吧,爸爸,"女婿回答说,"如果您一定要这样办的话,那就只得叫您称心啦。不过,不瞒您说,这样做会使人非常难过,我真不想结婚,倒不如去投河呢。一个人只知道自己失去的是怎样的人,但不知道会找到什么样的人。我有过一个好妻子,一个漂亮、温柔、勇敢的妻子,孝顺父母、体贴丈夫、疼爱孩子、屋里屋外、地里场边、样样能干,心灵手巧,总之,一切都好;您把她给了我,我娶上她的时候,咱们并没有约定,如果我不幸失去了她,我就得把她忘掉呀。"

"热尔曼,你所说的话显出你有一副好心肠,"莫里斯老爹接着说,"我知道你爱我的女儿,使她过得幸福,假如你能代替她去,满足死神的要求的话,卡特琳眼下还会活着,而你却在坟墓里。她确实值得你爱到这个地步。眼下你不要再悲伤,我们也不用再悲伤。但我并不是叫你忘掉她。善良的上帝要她离开我们,我们没有一天不在我们的祷告、考虑和言语行动里,让她知道我们珍惜对她的纪念,对她的去世感到悲伤。如果她在阴间能跟你说话,让你了解她的心愿,她准定会吩咐你替她留下的幼小的孤儿们找一个母亲的。问题是要碰到一个够格代替她的女人。这不是很容易的事,但也不是不可能的事。我们要是给你找到了这样一个,你也会像爱我的女儿那样去爱她的,因为你是一个老实人,她给我们做帮手,疼爱你的孩子,你会感谢她的。"

"好的,爸爸,"热尔曼说,"我会像平时那样,照你的意思去做。"

"我的孩子,说句公道话,你总是听从你家长的好意和忠告。咱们一起来合计,怎样选择你的新媳妇吧。首先,我不赞成你讨个年轻的。你要的不该是这样的。年轻姑娘太轻浮;抚养三个孩子是个重担,尤其他们都是前妻生的,更需要一个聪明善良、温柔体贴、吃苦耐劳的女人。如果你的女人同你的岁数不是差不多,她就不会通盘考虑,负起这样一个责任。她会嫌你太老,你的孩子太小。她会满口怨言,你的孩子就要吃苦受罪了。"

"我所担心的也正在这儿,"热尔曼说,"这些可怜的小东西会不会受到虐待、厌恶和挨打呢?"

"但愿不要这样才好!"老人接着说,"不过,咱们这儿,坏女人要比好女人少,除非我们都是傻瓜,才选不中合适的对象。"

"不错,爸爸,我们村子里有些好姑娘,路易丝、西尔韦娜、克洛蒂、玛格丽特……总之,有您看得中的姑娘。"

"冷静点,冷静点,我的孩子,这些姑娘不是太年轻,就是太穷……要不就是太漂亮;因为,总而言之,还要想到这一点,我的孩子。漂亮的女人不一定像别的女人那样规规矩矩。"

"那末您要我讨一个相貌丑的?"热尔曼有点不安地说。

"不,决不是丑的,因为这个女人还要给你生孩子,再没有比生些又丑又弱又多病的孩子更晦气的了。一个还很娇嫩,身体壮实,既不美又不丑的女人,对你最合适不过了。"

"我明白啦,"热尔曼带点苦笑地说,"要找到像您所说的女人,恐怕得天设地造才行;尤其因为您绝对不要穷人家的姑娘,而有钱的呢,对于一个鳏夫更是谈何容易。"

"热尔曼,如果她也是一个寡妇呢?而且是没有孩子、家道殷实的寡妇呢?"

"在咱们的教区,眼下我还不知道有这样的人。"

"我也不知道,但别的地方有。"

"爸爸,您心目中已经有人了;那末,快点说出来吧。"

四　聪明能干的农夫热尔曼

"是的,我心目中已经有一个了,"莫里斯老爹回答,"她娘家姓莱奥纳,以前的丈夫叫盖兰,住在富尔什。"

"我既不认识这个女人,也不知道这个地方。"顺从的热尔曼这样回答,但越来越愁眉不展。

"她像你过世的女人一样,也叫卡特琳。"

"卡特琳?不错,能够再叫卡特琳这个名儿,会使我感到快乐!可是,如果我不能像爱我的卡特琳那样爱她,那会使我更加痛苦,使我格外想念死去的女人。"

"我对你说,你会爱她的:这是个好人,有副好心肠,我多年没有见她的面了,那会儿她不是个难看的姑娘;不过,眼下她不年轻了,她有三十二岁。她出身大户人家,一家子全是靠得住的人,她足足有八千到一万法郎的地产,她情愿卖掉,在她将来成家立业的地方再买进土地;因为她也打算再嫁,我知道,如果你的性格和她合得来的话,她不会嫌你的条件不好。"

"您已经把一切都安排好了吧?"

"是的,就看你们双方的意见了;你们见面时,双方都要问清楚。这个女人的父亲和我有点亲戚关系,过去他是我很要好的朋友。你认识莱奥纳老爹吗?"

"认识,我在集市上见过他跟您说话,上一次集市你们还一起吃的饭;他跟您聊得很久,扯的就是这件事吗?"

"不错;他看见你卖牲口,觉得你干得不赖,是个漂亮的小伙子,看样了很勤快,很能干;我把你所有情况都告诉了他;八年来,咱们在一起过,一起干活,你待我们真不错,从来没说过一句生气的话,或发过火。他便想到要将他的女儿嫁给你;不瞒你说,就凭她的好名声,就凭她家的正派老实,还有我所知道的他们家的兴旺发达,这门亲事我也觉得合适。"

"我看,爸爸,您有点看重家业的兴旺发达了。"

"那还用说,我是很看重。难道你不看重吗?"

"要是您愿意的话,我就看重,让您心里高兴;可是,您知道,就我来说,咱们的收入哪些归我,哪些不归我,我从来都不在意。怎么分法我不在行,这些事我的脑子不行。我了解的是土地、牛马、套车、播种、打场、割草。说到绵羊、葡萄、园艺、精细活和手艺活,您知道,那是您儿子的事,我不大过问。至于钱的事,我的脑子不管使,我怕你争我抢,宁愿都让给别人算了。我担心弄错了,把不该得的那一份归了自个儿,这种事不是简单明白的话,我会永远弄不清账目。"

"这要坏事的,我的孩子,这就是为什么我希望你娶一个有头脑的女人,将来等我不在了,可能代替我。你从来不愿意搞清账目,待到我不在的时候,没法让你们双方同意,告诉你们每人该分多少,那时,就会使你跟我儿子闹翻。"

"爸爸,但愿您长寿不老!但您不必担心您身后的事儿;我决不会跟您的儿子争吵不和。我信得过雅克,像信得过您一样,我没有自己的财产,所有归我的东西都是您女儿的,属于我的孩子,所以我可以安心,您也可以这样;雅克不会为自己孩子来剥夺他姐姐的孩子的东西,因为他差不多都一样疼爱他们。"

"热尔曼,你这话说得不错。雅克是个好儿子、好弟弟,是个直来直去的人。可是,雅克可能死在你前面,他的孩子还没有长大,在一个家庭里,必须时刻想到,不能让未成年的孩子们没有家长来指点他们,解决他们的纠纷。要不然,那些搞法律的人就要插手进来,搞得他们越加不和,打官司打得倾家荡产。因此,我们难道不该想到在咱们家多添一个人,不管是男是女,说不定有一天,就是这个人要管起三十来个孩子、孙子、女婿和媳妇的言行和活计……天知道一个家庭会扩大到什么程度,蜂房太挤时,就该分房,每只蜂都想带走它那份蜜。尽管我女儿有钱,而你很穷,我招你做女婿时,并没有数落她挑选了你。我看到你能干活,我明白,像我们这样的庄稼人,最好的财富是有像你一样的一双手臂和一颗心。一个人带着这些进门做女婿,他带来的就够多的了。而一个女人就不同:她在家里的工作就是保存,而不是钻营和夺取。再说,眼下你是父亲,正在找老婆,你得想想,你将来的孩子不能要求分到前妻孩子的遗产,一旦你死了,他们就得过穷日子,除非你女人有点财产。还有,你在我们这个家要添上这么几个孩子,得有东西填肚子呢。要是这都落到我们身上,不用说,我们会抚养他们,毫无怨言;但是,每个人就要减少一份舒适,你的几个大孩子就要少得到一点。家里人口猛增,而财产不能按比例增加,苦日子就要到来,不管有怎样的勇气去对付它。这就是我的看法,热尔曼,你掂量一下吧,想法子让寡妇盖兰中意你吧;因为她品行好,又有钱,眼下会给咱们家带来帮助,将来会带来平安。"

"好吧,爸爸。我会尽力去讨她喜欢,但愿她也喜欢我。"

"这样的话,你得去看她,找她。"

"到她那里去吗?到富尔什?离这儿很远,是不?这种季节没有时间乱跑乱颠呵。"

"如果是一桩恋爱婚姻的话,那得估摸着浪费点时间;可这是一桩理智婚姻,双方都不用撒娇使性,知道自己奔着什么来的,很快就能定下来。明儿是星期六;你早点收工,饭后两点左右出发,夜里就可以到富尔什;眼下月光很亮,路上好走,也不过三里①来地,靠近马尼埃,不过你可以骑那匹牝马去。"

"天气这样凉快,我倒想走路去呢。"

"那当然好,可是牝马很漂亮,求婚的人骑着那样好的马去,那才叫神气。你穿上新衣服,带上些像样的野味,当作礼物送给莱奥纳老爹。你就说是我叫你去的,同他聊一聊,星期日同他女儿过上一整天,

---

① 一古法里约合四公里,这儿是当地的计算法。

星期一早上不管成不成都可以回到家了。"

"就这样吧。"热尔曼平静地回答,其实他一点儿不平静。

热尔曼像所有吃苦耐劳的农民一样,一直安分守己地生活着。他二十岁上结了婚,这辈子只爱过一个女人,虽然他是个急性子,活泼好动,但打从妻子死后,他没有同别的女人嬉笑打闹过。他心里忠实地怀着真正的悼念,他听从岳父的话,但不免有点担心忧虑;但岳父一向治家有方,而热尔曼已经完全献身于这个家庭的共同事业,因之也尽忠于这个事业的化身——家长,热尔曼不懂自己本来可以反对这种动听的理由,反对大家的利益。

可是他一直是愁眉苦脸的。很少有日子他没有偷偷哭悼他的亡妻,纵然孤独开始压抑着他,但他更怕重新结婚,而宁愿不去逃避苦闷。他心里模模糊糊地想到,爱情突然而来抓住了他,兴许会使他得到安慰,因为爱情不会用别的方式来安慰人的。你去寻找爱情,未必找得到它;我们没有等待它,它反而来了。莫里斯老爹对他提出的这项冷冰冰的结婚计划,这个不认识的对象,甚至所有别人称道她的理智和品德的话,都使他沉思。他一面走开,一面沉思着,如同那些心思不多,主意不会乱打架的人一样沉思着,就是说,不去想出一些反对的和利己的动听理由,却忍受着无言的痛苦,不去同眼看必须接受的不幸作斗争。

莫里斯老爹已经回到田庄上去了,热尔曼在夕阳西下和黑夜降临之际,抓紧最后一点时间,修好了绵羊在房子旁边的圈墙上弄开的缺口。他扶起荆棘,用土块培上,这时候,鸫鸟在附近的灌木丛中啁啾,仿佛在催促他快些一样,盼着他一离开,就过来检查他的活儿做得怎样。

五　吉叶特大娘

莫里斯老爹回到家时,看到邻居老妈妈过来同自己的女人聊闲天,顺便要点火种生火。吉叶特大娘住在一间很贫寒的茅屋里,离田庄有两个射程①远。可这是一个有条有理和意志坚强的女人。她简陋的房子又干净又整齐,她的衣服细心缝补过,显出她在贫困中的自爱。

"您是来要晚上的火种吧,吉叶特大娘,"老爹对她说,"您还要别的东西吗?"

"不要了,莫里斯老爹,"她回答,"眼下不要什么。我不是叫花子,您是知道的,朋友们的好心我不会滥用。"

"这是实话,所以您的朋友们总是随时准备着为您效劳。"

"我正在和您的女人唠叨呢,我问她,热尔曼是不是打定主意再娶一个。"

"您不是个多嘴多舌的人,"莫里斯老爹说,"在您面前说话,不必

---

① 那时的枪射得不远,一个射程至多五十米左右。

顾忌：我要对我女人和您说，热尔曼已经打定主意了；明儿他就要去富尔什农场。"

"太好了！"吉叶特大娘嚷了起来，"这可怜的孩子！但愿上帝保佑他找到一个和他一样善良正直的女人！"

"啊！他要去富尔什吗？"吉叶特大娘似有所悟地说，"您看多么凑巧！这倒给我许多方便，您刚才不是问我想要什么东西吗，我要对您说，莫里斯老爹，您可以帮我一点忙。"

"说吧，说吧，我们乐意给您帮忙。"

"我想要麻烦热尔曼，带我的女儿一起去。"

"带到哪儿？到富尔什吗？"

"不是到富尔什，是到奥尔莫，她要在那儿待到年末。"

"怎么！"莫里斯老爹说，"您要跟女儿分开吗？"

"她该出去干活，赚点儿钱。这叫我很难过，她也很难过，可怜的小妞儿！我们下不了狠心在圣约翰节[①]分手；可眼下圣玛丹节[②]到了，她在奥尔莫的农场找到一个牧羊的好差事。农场主那天赶集回来，打这儿路过。他看到我的小玛丽在公地放牧她的三头绵羊。他对她说：'小姑娘，你空闲得很哪；一个牧羊女放三头羊，简直太少了。你想放一百头羊吗？我可以带你走。我们农场的牧羊女得了病，回到她父母家里去了。如果你肯在一星期内到我们农场的话，从年内到圣约翰节，

---

① 圣约翰节在6月24日，在外省为招工的日子。
② 圣玛丹节在11月11日，也是招工的日子。

你可以挣五十法郎。'孩子拒绝了,可是晚上回到家里,看见我愁眉苦脸,发愁怎么过冬,今年冬天一定又长又冷,因为人们看到鹤和雁比往年早一个月在天上飞过,她便不禁想起那件事,并且告诉我。我们俩都哭了,但最后来了勇气。我们心里明白,我们不能再待在一起了,因为我们这一丁点儿地,勉强够养活一个人,而且玛丽已经到了年龄(她十六岁了)。她该像别人一样去干活,挣到她的面包,帮助她可怜的母亲。"

"吉叶特大娘,"老农夫说,"如果只要五十法郎,您就可以不用吃苦,也不用把您的孩子送到老远的地方,说实话,我可以替您筹到这笔款子,尽管五十法郎对于像我们这样的人来说,也有点儿分量了。可是什么事都得既听从友情,也听从理智。即使您逃过了今冬的苦日子,将来的苦日子也逃不过,您的女儿越迟迟拿不定主意,她和您就越难分离。小玛丽已经长得又高又壮,她在家里没什么事要操劳的,就会养成懒惰的习惯……"

"哦!这一点我倒不担心,"吉叶特大娘说,"玛丽同有钱人家的姑娘、同主管一大摊事儿的女孩子一样,很有勇气。她没有袖手旁观的时候,我们没有活儿时,她就打扫和擦抹我们可怜巴巴的家具,擦得跟镜子一般发亮。这个孩子就像同她一样重的金子那样值钱,我情愿她到你们家放羊,不愿她到老远我不认识的人家去做工。假使我们有先见之明,打定主意的话,您在圣约翰节就雇用她了;可眼下您要雇的人都雇满了,要到明年的圣约翰节我们才能考虑这件事。"

"呃,我满心同意,吉叶特!这会使我高兴。不过,在这段时间里,她蛮可以学会一种本事,养成替别人干活的习惯。"

"是啊,说得在理;事儿已经讲妥啦。奥尔莫的农场主今儿早上派人来问过她,我们答应了,她马上就要动身。但可怜的孩子不认识路,我又不愿意打发她孤零零一个人到那么远的地方去。既然你女婿明儿上富尔什去,他蛮可以带上她。听人说,好像富尔什紧挨着她要去的地方,因为我也从来没去过。"

"是紧挨着的,我女婿可以给她带路。这是理所当然的;他甚至可能让她骑在他后面,节省她的鞋子。瞧,他回家吃晚饭了。热尔曼,吉叶特大娘的小玛丽要上奥尔莫当牧羊女,你说,她搭在你马上,行不行?"

"好啊。"热尔曼回答,他心事重重,但他向来乐意给邻居帮忙。

在我们的圈子里,一个母亲想到将一个十六岁的女儿托付给一个二十八岁的男子,这样的事决不会发生;因为热尔曼确实是只有二十八岁,虽然按当地人的看法,他要结婚是年龄太大了,但他仍然是当地最漂亮的男子。地里活并没有使他刻上深深的皱纹,显得憔悴,有如耕了十年地的农民大半都在脸上反映出来那样。他还有气力再耕十年地而不显老,一个年轻姑娘脑子里一定对年龄有非常强烈的偏见,才会看不到热尔曼脸色红润,眼睛像五月的天空一样明亮、湛蓝,嘴唇殷红,牙齿漂亮,身材像一匹还没有离开过牧场的小马驹那样俊美灵活。

但是,在某些远离伤风败俗的大城市的乡村里,风习的贞洁是一种神圣传统。在伯莱尔村的所有人家当中,莫里斯家又以正直诚实闻名遐迩。热尔曼是去相亲；玛丽太年轻、太贫穷，他不会从这方面去考虑她，他待在她身边不会起坏念头，除非他是一个"没有心肝"的"坏蛋"。莫里斯老爹看到这个漂亮的姑娘坐在他背后，一点也不担心；吉叶特大娘会认为是侮辱他，如果她嘱咐他要像对待妹妹一样尊重她女儿的话。玛丽抱吻她的母亲和她的几个年轻女友不下一二十次，哭眼抹泪地骑上了马。热尔曼为自己的事闷闷不乐，因此更对她的悲伤表示同情，他神情严肃地上了路，邻居们向可怜的玛丽挥手道别，都没有往坏里去想。

六 小皮埃尔

"小青"是匹年轻、好看而壮健的牝马。它毫不费力地驮着双倍的重负,耷拉着耳朵,咬着马嚼子,像一匹地道的神气而好动的牝马那样。经过那长条牧场时,它看见它的母亲,叫做"老青"的,就像它叫小青一样,它啸啸而鸣,表示告别。老青马走近篱笆,蹄上的防跑器叮当作响,它想沿着牧场的边奔跑,追赶它的女儿;后来看到女儿飞奔而去,便也嘶鸣起来,它若有所思,忧虑不安,仰着鼻子,嘴里满含青草,没有心思再吃。

"这头可怜的牲口总认得它的心头肉,"热尔曼想排解小玛丽的忧伤,这样说,"这叫我想起动身前没有抱吻过我的小皮埃尔。这个坏小子不在家!昨天晚上,他想让我答应带他走,在床上哭了一个钟头呢。今儿早上,他又想尽法子说服我。噢!他多伶俐,多会撒娇!等他看出办不到时,这位先生恼火了:他跑到地里去,大半天再没看到他。"

"我呀,我看见过他,"小玛丽竭力忍住眼泪说,"他跟苏拉家的孩子们跑到再生林那边去了,我琢磨他离开家已经很久了,因为他饿得很,在吃野李子和桑葚,我将自己当点心的面包给了他,他冲我说:谢谢,可爱的玛丽,以后你到我们家,我给你吃薄饼。您这个孩子太可爱了,热尔曼!"

"是的,他很可爱,"农夫接着说,"为了他,我不知道还有什么事我不能做!要不是他外婆比我更稳得住,我看到他哭得这么伤心,他那颗可怜的小心都要哭碎了,我真忍不住带他走。"

"那末,您干吗不把他带走呢,热尔曼?他一点儿不会碍您的事;只要依了他,他是很懂事的!"

"我要去的地方,好像他去了会碍事的。至少这是莫里斯老爹的意思……而我呢,我的想法正好相反,应该瞧瞧人家怎样接待他,这样可爱的孩子只会叫人喜欢……但是家里人都说,不要一开始就让人看到家庭的累赘……我不知道我干吗会跟你讲这些事,小玛丽;你一点儿不会理解。"

"恰恰相反,热尔曼;我知道您是去相亲;我妈对我说了,嘱咐我不要对别人说,无论是在家里,还是在我要去的地方,您可以放心:我一个字也不会说。"

"你这样做很好,因为这事儿还八字没一撇呢;兴许我不中那女人的意。"

"应该希望她中意,热尔曼。干吗您会不中她的意呢?"

"谁知道呢?我有三个孩子,对于一个不是他们母亲的女人来说,这是够累赘的。"

"不假,不过您的孩子跟别的孩子不同。"

"你这样想吗？"

"他们漂亮得像小天使一样，家教那么好，再看不到更可爱的孩子了。"

"西尔万可不太随和。"

"他还小呢！他怎样会不淘气呢，可他那样聪明！"

"他聪明倒是真的，而且胆子多大！他既不怕母牛，也不怕公牛，如果随他怎样做都不管的话，他已经会同他哥哥爬到马背上去了。"

"要是我在您的地位的话，我会把大孩子带走。您有一个这样漂亮的孩子，准保会叫人马上爱上您！"

"是的，如果这女的喜欢孩子的话；可是，如果她不喜欢呢？"

"难道有不喜欢孩子的女人吗？"

"不多，我想；但究竟是有的，我发愁的就在这儿。"

"那末，您一点儿也不了解这个女人吗？"

"不会比你了解得更多，我担心见过她以后对她还是了解不透。我不是个多疑的人。别人对我甜言蜜语，我都信以为真：我后悔过也不止一次，因为言语并不是行动呵。"

"听说这是一个很正派的女人。"

"谁说的？是莫里斯老爹吧！"

"是的，是您的岳父。"

"这太好啦，不过他也不了解她。"

"您待会儿就会看到她，您要看得她细一点，但愿您不要看错人，热尔曼。"

"喂,小玛丽,你径直奔向奥尔莫之前,能进那户人家待一会儿,那我就高兴了,你很细心,一向很聪明,什么都会留意到。如果你看到什么使你有所考虑的事,你可以悄悄地告诉我。"

"噢!不,热尔曼,我做不了这样的事!我怕自己会弄错;再说,如果我随便说了一句,叫您不满意这门亲事,您的岳父母会怨我的不是,我现在这样已经够烦恼的了,即使不给我可怜的好妈妈惹是生非也罢。"

正当他们这样闲扯的时候,小青竖起耳朵,往旁边闪了一下,然后又折回来,走近灌木丛,那儿有样东西刚才把它吓了一跳,现在它开始认出来了。热尔曼朝灌木丛投了一瞥,看见一棵砍过底下枝干的橡树浓密的仍然青绿的枝丫下面的沟里,有样东西,他以为是只羊羔。

"这是一头迷路的牲口,"他说,"或者已经死了,因为它一动不动。兴许有人在寻找它,应该去看一看!"

"这不是一头牲口,"小玛丽嚷着说,"这是一个在睡觉的孩子,是您的小皮埃尔。"

"哎呀!"热尔曼跳下马说,"瞧,这个小淘气在这儿,离家这么远,在一条沟里,说不定蛇会来咬他!"

他抱起孩子,孩子睁开眼睛,对他微笑,用手搂着他的脖子对他说:

"我的小爸爸,你得带着我去啦!"

"好呀!又是这个老调调!你在这儿干什么,你这个坏小子?"

"我在等我的小爸爸经过,"孩子说,"我瞅着路,瞅着瞅着就睡着啦。"

"如果我经过的时候没有看到你,你整夜就得待在外边,狼会把你吃掉。"

"噢!我猜到你会看见我的!"小皮埃尔信心十足地回答。

"那末,我的皮埃尔,现在吻吻我吧,和我说声再见,赶快回家去,如果你不想让家里人等你吃晚饭的话。"

"那末,你不想带我去了!"小家伙叫着说,开始擦他的眼睛,表示他准备哭了。

"你明白,外公和外婆不愿意你去。"热尔曼说,犹如一个对自己的权威没有信心的人那样,拿老岳父母的权威做挡箭牌。

可是孩子说什么也不听。他当真哭了起来,嘟嘟囔囔地说,既然他的父亲带着小玛丽,那末也能带上他。父亲反驳说,要经过大森林,里面有许多凶恶的野兽,要吃小孩,而且小青马不肯驮三个人,动身时它就这样说过;他还说要去的地方没有小孩的床,也没有小孩的晚饭。所有这些绝妙的理由一点儿也说服不了小皮埃尔;他躺倒在草地上打滚,一面嚷嚷,他的父亲不爱他了,如果不带他去,他白天黑夜都不回家。

热尔曼做父亲的心像女人的心那样温和柔弱。他妻子的死,使他不得不独自照顾他的孩子,还有想到这些可怜的没娘的孩子十分需要疼爱,这一切都使他变成这个样子,他心里展开激烈的斗争,尤其是他对自己的软弱感到脸红,他竭力要对小玛丽掩盖自己不自在,以致他脑门上都渗出了汗,眼圈也红了,快要哭出来了。末了他想发火;但他回过身转向小玛丽,仿佛要她证明自己的心硬如铁时,他看到这个善良的姑娘泪流满面,他立刻失去了所有的勇气。他也忍不住自己的眼泪,虽然他还在数落着和威胁着。

"说真的,您的心太硬,"小玛丽终于冲着他说,"要是我呢,对这样一个伤心透顶的孩子,我是于心不忍的。得了,热尔曼,带他去吧。您的牝马驮惯了两个大人和一个孩子,证明是,您的内弟和内弟媳比我重得多,他们每逢星期六赶集,总是同他们的孩子一起骑在这匹好牲口的背上。您让他骑在您的前面好了,再说,我宁愿一个人走着去,也不愿让这小家伙受累。"

"这倒是可以的,"热尔曼回答,他真想自己被说服,"小青马很结实,如果它的背上还有地方的话,多驮两个人也行。可是,我们在路上怎么照顾这孩子呢?他会挨冻受饿……今儿晚上和明儿谁来照顾他睡觉、洗脸和穿衣呢?我不敢把这麻烦事托给一个我不了解的女人,不消说,她会觉得我一开头就太随便。"

"从她表现出热心还是厌烦,您马上可以了解她的为人,热尔曼,请相信我的话;再说,如果她讨厌您的皮埃尔的话,就由我来照料他好了。我会到她家给他穿衣,明儿我就带他到地里去。我整天陪他玩儿,照顾好,让他什么都不缺。"

"他会给你添麻烦,我可怜的姑娘!他会碍你的事,一整天太长了!"

"恰好相反,这会使我快乐,他可以给我搭伴,我第一天在一个陌生地方过就不会闷得慌。我会设想我还在家里。"

那孩子看到小玛丽站在他一边,便攥住她的裙子,抓得这样紧,要他放松,真要弄痛他呢。当他看出他父亲要让步时,他把玛丽的手捏在自己被太阳晒黑的两只小手里,欢欣雀跃,一面抱吻她,带着孩子们有所企求时的急不可耐,把她拖到牝马跟前。

"得了,得了,"少女说,把他抱了起来,"这颗可怜的心跳得像只小鸟一样,咱们设法让它平静下来吧。天黑以后你觉得冷就告诉我,我的皮埃尔,我会把你裹在我的斗篷里。吻吻你的小爸爸吧,请他原谅你的淘气吧。告诉他下次再不这样了,永远不这样了!听见吗?"

"是呀,是呀,就要我老顺着他的意思,对不?"热尔曼说着,用手绢给小家伙抹掉眼泪,"啊!玛丽,你替我把这个淘气包宠坏了!……你当真是个善良的姑娘,小玛丽。我猜不透你干吗在上一次圣约翰节不到我家放羊。你可以照顾我的孩子们,我宁愿出个好价钱,让你照料他们,而不想去找另外一个女人;兴许她以为不讨厌我的孩子,就算给我很大的恩典了。"

"不该这样从坏的方面去想,"小玛丽回答说,一边拉住马笼头,这时热尔曼把他的儿子安置在铺着山羊皮的宽马鞍的前边,"如果您的妻子不喜欢这些孩子,明年您可以雇用我,您放心,我会哄得他们快快活活,别的什么也不会去留意。"

七　在荒野上

"哎呀，"他们刚走了几步，热尔曼这样说，"看不到这小家伙回家，家里人会怎么想呢？他们会着急不安，到处找他。"

"您去对在那上头干活的养路工说，您把孩子带走了，托他转告您家里的人。"

"说实话，玛丽，你什么都想到了；我呀，我没想到让尼该在那边。"

"他刚巧住在田庄的紧旁边，他不会忘了给您传话的。"

他们想出了这个周到的办法以后，热尔曼便催马快跑起来。小皮埃尔快活极了，一时不觉得没吃过饭，但马的颠簸掏空了他的胃，走了一里路，他开始打呵欠，脸色泛白，老实承认他饿得要命。

"瞧，开始折腾啦，"热尔曼说，"我早就料到，咱们走不了多远，这位先生就会喊饿叫渴。"

"我是渴着呢！"小皮埃尔说。

"那末，咱们就到科尔莱的勒贝克大妈的'黎明'酒店去歇歇，好吗？招牌名字多美，房子多么寒碜！得，玛丽，你也去喝一点儿酒吧。"

"不,不,我什么也不需要,"她说,"您同小家伙进去的时候,我给看着马。"

"但是我想到,我的好姑娘,今儿早上你把自己当点心的面包全给了我的皮埃尔,你也空着肚子;刚才你又不肯在我家吃饭,哭个不停。"

"噢!我那时不饿,我太难过了!我对您起誓,眼下我还一点儿不想吃。"

"你得勉强吃一点,姑娘;要不然,你会得病的。咱们还要赶路,不能到了那边,还没问好,就像饿鬼一样讨面包吃。我呀,我愿给你做个样子,虽然我也没什么好胃口;但我可以这样做,因为我毕竟也没吃过饭。我看到你和你母亲两个人在哭,心里也很难过。得了,得了,我去把小青拴在门口,下来吧,请你下来。"

他们三人走进了勒贝克大妈的酒店,不到一刻钟,那个肥胖的跛足女人给他们端来一盘很像样的炒蛋、黑面包和淡红的葡萄酒。

乡下人吃饭不快,小皮埃尔又胃口不大,足足过了一个小时,热尔曼才想到重新上路。小玛丽起先是出于好意才吃一点,渐渐地,她也觉得饿了:因为十六岁的人不能长久挨饿,乡下的空气又催人开胃。热尔曼好言相慰,鼓励她振作起来,也起了作用;她竭力说服自己,七个月会很快过去,还去想她以后回到家里、回到村里的幸福,因为莫里斯老爹和热尔曼都意见一致,答应雇她。可是,正当她开始同小皮埃尔嘻嘻哈哈,打打闹闹时,热尔曼起了个倒霉的念头,叫她从酒店窗口望出去,看那山谷的美景,从这高处眺望,可以一览无余。景色是这样悦目,这样青翠,土地是这样富饶。玛丽望了一会儿,问能不能看到伯莱尔村的房子。

"当然能看到,"热尔曼说,"还能看到农场,甚至你的家。瞧,那个小灰点。离戈达尔那棵大白杨树不远,在钟楼的下面。"

"啊!我瞧见了。"姑娘说,于是她又哭起来了。

"我不该叫你又想到那里,"热尔曼说,"我今儿个净干蠢事!得了,玛丽,咱们动身吧,我的姑娘;现在白天短,再过一小时,月亮升上来后,天气暖和不了。"

他们又上了路,穿过那一大片"荒野地",因为怕马跑得太快了,那姑娘和孩子会累着,热尔曼只得让小青走得慢一点,等到他们离开大路走向树林时,太阳已经西沉了。

热尔曼认得去马尼埃的路。但他以为不走尚特卢伯大道,而从普雷斯勒村和古墓那边下去会更近一点,这个方向他赶集时没有走过。他弄错了,等来到树林又耗掉一点时间;而且他又不从正道进去,他没有发觉,以致背向富尔什,走到阿尔当特村那边的高坡上去了。

这时妨碍他辨别方向的,是随着黑夜升起的雾,这是秋夜的一种雾,银白色的月亮使它格外朦朦胧胧,使人迷惑。散布在林中空地上的大水坑冒着厚厚的水汽,只是在小青马踩过去时马蹄下响起的溅水声和从它拔腿时的艰难上,才发觉下面是泥水。

他们终于找到了一条笔直的好路,走到了尽头,热尔曼竭力察看来到了什么地方,这才发觉已经迷了路。因为莫里斯老爹给他指点道路时对他说,一出树林要下一段陡坡,穿过一片广阔的草地,两度涉过那条有浅滩的河流。老爹甚至叮咛他下河时要小心,因为初秋时节下过几场大雨,河水兴许涨高了一点儿。热尔曼现在既看不到斜坡,也看不到草地和河流,眼前是一片平坦发白像盖了一层雪一样的荒野,他停下来,寻找房屋,等候过路的人,但能给他指点的什么也找不到。于是他又折回原路,走进树林。雾愈加浓密,月亮完全被遮住了,路非常难走,泥沼很深。有两回小青差点儿失足倒下;它驮得那么重,失去了勇气,即使它还有辨别力,不会撞在树上,可是它不能让骑在它身上的人避免碰上树枝,树枝同他们的头一般高,挡住了去路,对他们非常危险。热尔曼这样磕碰了一下,丢掉了帽子,好不容易才找回来。小皮埃尔睡着了,像只口袋一样摆来荡去,他妨碍着他父亲的两条臂膀,以致热尔曼都不能控制、驾驭那匹马了。

"我想我们是中了邪啦,"热尔曼停下来说,"因为这树林并不大,不至于迷路,除非喝醉了酒,咱们在里面转来转去,至少有两个钟头了,怎么还走不出去。小青只有一个念头,就是转回家去,是它弄得我晕头转向。如果咱们想回家的话,只要让它自个儿走就成。可是,咱们兴许离开要在那儿过夜的地方不远,要放弃计划,重新走这样一段长路。真是发疯了。但我不知道该怎么办。我不见天,也不见地,我担心这个孩子会得寒热,如果咱们待在这要命的雾里的话;我还担心他会被我们压伤,如果马往前扑倒的话。"

"咱们不该再这样执拗地转下去,"小玛丽说,"咱们下马,热尔曼,把孩子给我,我会抱得好好的,您不如我,我不会让披风撩开,露出他的身体。您拉住马缰头,领着马走,咱们离干的地方近一点,您兴许会看得清楚一些。"

这办法只能使他们不至于从马上摔下来,因为雾在蔓延,似乎紧贴在湿漉漉的地面上。往前走很艰苦,一会儿他们就疲乏不堪了,末了在一片大树下遇到一块干地,便停了下来。小玛丽浑身是汗,但她一点儿也不抱怨,也一点儿不着急。她一心照顾着孩子,坐在沙地上,让孩子睡在她的膝上,而热尔曼把小青马的辔头拴在树枝上,然后便到附近察看。

可是小青马对这次跋涉感到厌烦透了,它把腰用力一摆,挣脱了缰绳,弄断了肚带,毫不在意地尥了五六下蹶子,踢得比它的头还要高,然后穿过矮树丛跑掉了,明白表示出它不需要任何人,也能找到回去的路。

"唉!"热尔曼说,他白费力气,追不上小青马,"咱们只有步行了,没有什么能帮助咱们走到正道,咱们得蹚水过河;既然路上都是积水,可以肯定河水漫过了草地。咱们不知道别的通道,所以需要等到这雾散去,最多不过一两个钟头。待到咱们能看清东西,再去找一所房子,在树林边上遇到的第一家;可眼下咱们不能走出这地方;那边有一条沟,一个池塘,我摸不清前面是什么,我也说不清后面有什么,因为我再也闹不明白,咱们是打哪边来的。"

八　大橡树下

"那末,耐心一点,热尔曼,"小玛丽说,"咱们在这块小小的高坡上还不坏。雨透不过这些大橡树的叶子,咱们可以生起火来,因为我觉得有些断裂老树根碎块,干燥得可以点着火。您带着火吗,热尔曼?您刚刚还抽过烟斗呢。"

"我刚才有火!我的火镰放在马鞍上我的袋子里,和我带给那个女人家里的野味搁在一起;那该死的牝马把什么都带走了,连我的披风也带走了,它会把披风弄丢,让树枝撕破。"

"不对,热尔曼,马鞍、披风、口袋,全都在您脚边的地上。小青马弄断了马肚带,把东西都甩到一边才跑掉的。"

"天哪,一点不假!"农夫说,"要是咱们能捡到一点枯柴的话,就能把衣服烤干,身上也会暖和起来。"

"这不难,"小玛丽说,"枯柴在脚下到处都咔嚓作响;先把马鞍递给我。"

"你要干吗?"

"给小家伙铺一张床。不,不是这样,翻转过来;他在凹下去的地方不会滚出来;里面还有牲口背上的热气呢。您看到那边的石子吧,捡些来把两边垫稳!"

"我呀,我可看不到石子!你有猫一样的眼睛!"

"瞧!已经弄好了,热尔曼。把您的披风递给我,我来把他的小脚裹上,我的披风盖着他的身子。瞧!他睡在那儿,不就跟在他的床上一样吗?摸摸看,他热烘烘的!"

"当真!你照顾孩子很在行,玛丽!"

"这并不难。现在,在您的口袋里找出火镰来,我来摆好木柴。"

"这柴烧不着,太湿了。"

"您什么都疑心,热尔曼!难道您不记得以前放羊,就在下雨时在野地里生起了熊熊大火吗?"

"是的,那是放羊孩子的本领;而我一会走路,就是个放牛的。"

"怪不得您的手臂有力,而双手并不灵巧。瞧,柴火已经堆好了,您就会看见能不能着火!把火和一把干蕨递给我。好!现在吹气吧;您没有痨病吧?"

"据我知道是没有。"热尔曼说,一面像风箱一样吹起气来。一会儿,火焰闪亮起来,起先放出红光,终于在橡树下升起了淡蓝的光焰,同浓雾争斗着,渐渐烤干了方圆十步内的空气。

"现在,我要坐在小家伙旁边,不让火星落到他身上,"那姑娘说,"您来加柴,把火拨旺,热尔曼!咱们在这儿既不会着凉发烧,也不会伤风感冒,我向您担保。"

"说实话,你是一个聪明的姑娘,"热尔曼说,"你像一个黑夜的小女巫一样,会变出火来。我觉得自己浑身是劲,心里舒坦;因为我的腿湿到膝盖,想到要这样待到天亮,刚才我心情坏透了。"

"一个人心情不好,什么办法也想不出。"小玛丽说。

"那末你从来没有过心情不好吗?"

"没有过!从来没有过。这有什么好处呢?"

"噢!确实什么好处也没有;可是,当你烦恼的时候,有什么办法避免这种情况呢?上帝知道,你也免不了有烦恼的时候,我可怜的姑娘:因为你不是一向很幸福的!"

"不错,我可怜的母亲和我吃苦受累。我们有烦恼,但我们从来没有失去勇气。"

"不管什么活计,我也不会失去勇气,"热尔曼说,"不过,贫穷会使我气愤,我从来不缺什么。我的女人让我变得有钱,现在我仍然有钱,只要我在田庄上干下去,我将来还是有钱,我希望永远是这样;但每个人大概都有自己的痛苦!我有另一方面的痛苦。"

"是的,您失去了您的妻子,这是很值得人同情的。"

"谁说不是?"

"噢!我也着实哭过她呢,热尔曼!她是那样好!得了,咱们别再谈这事了;因为我还会哭她的,我所有的烦恼今天都会涌上我心头。"

"她当真非常喜欢你,小玛丽!她很看得起你和你的母亲。咦!你在哭吗?得了,我的姑娘,我不想哭……"

"可是您在哭,热尔曼!您也在哭!一个男人哭他的女人有什么难为情呢？别感到不好意思了！我已经同您平分这个痛苦了！"

"你有副好心肠，玛丽，同你一起哭我觉得好过一些。你把脚靠近一点火；你的裙子也全湿了，可怜的姑娘！得了，我来替你照顾小家伙，你可以好好烤一下火。"

"我够暖和了，"玛丽说，"您要是想坐下来，就坐在披风的一个角上吧，我这样很舒服。"

"这儿确实不赖，"热尔曼挨近她坐下说，"只是我有一点儿饿得难受。已经晚上九点了，在这样泥泞的路上走得我实在吃力，我感到精疲力竭。你难道不饿吗，玛丽？"

"我吗？一点不饿。我不像您，习惯了吃四顿①，我常常不吃晚饭就睡觉，再来一次也不稀奇。"

"像你这样的娘们倒是好过日子，没有多少花费。"热尔曼微笑着说。

"我不是娘们，"玛丽天真地说，没有体味出这农夫语气的微妙意思，"您是在说梦话吧？"

"是的，我觉得自己在做梦，"热尔曼回答，"兴许是肚子饿使我说漏了嘴！"

"您肚量真大！"轮到她快活起来，"如果您过了五六个钟头不吃东西就活不了的话，在您的口袋里不是有野味么，又有火可以烤来吃，不是吗？"

---

① 即早饭、午饭、点心和晚饭。

"咦！这倒是个好主意！可是拿什么礼物送给我未来的岳父呢？"

"您有六只山鹑和一只野兔！我想您不需要吃光才能填饱肚子吧？"

"但是,在这儿烤,没有铁叉,没有烤架,会烧成焦炭的！"

"不会,"小玛丽说,"我来给您埋在灰里烧熟,不会有烟熏味儿。难道您从来没在地里逮过云雀吗？没有夹在石头中间烤熟吗？啊！不错！我忘了您没放过羊！得啦,把这只山鹑的毛拔掉！别那么用劲！您会连皮一起撕掉的。"

"你可以拔另一只的毛,给我做个样子！"

"您想吃两只吗？多能吃呀！得,毛拔好了,我来烤熟这两只山鹑。"

"你可以做一个出色的随军女小贩,小玛丽；可惜你没有储物箱,我也只能喝这池塘里的水。"

"您想喝酒,当真？兴许您还要咖啡？您以为是在市集的凉棚下！吆喝着店主,给伯莱尔的能干农夫拿酒来！"

"呵！小坏蛋,你在取笑我？你有酒也不喝？"

"我吗？傍晚我同您在勒贝克那个酒店里已经喝过,这是我生平第二遭；假如您很听话,我将给您一瓶差不多是装满的好酒！"

"怎么,玛丽,你果真是个女巫吗？"

"您不是在勒贝克那个酒店里大于大脚地要了两瓶酒吗？您同小家伙喝了一瓶,另一瓶您放在我面前,我只喝了几口。您不在意,两瓶都付了账。"

"后来呢?"

"后来,我将没喝完的一瓶装在我的篮子里,因为我想,您或者小家伙在路上会渴的,酒在这儿。"

"你是我平生见过的想得最周到的女孩子。啊!这个可怜的孩子离开酒店时还在哭呢!这并没妨碍她想到别人,而不是她自己。小玛丽,娶你的男人不会是个傻瓜。"

"但愿这样,因为我不会爱一个傻瓜。得啦,吃您的山鹑吧,它们烧得火候正好;没有面包,将就吃点栗子吧。"

"你从什么鬼地方弄来的栗子?"

"这有什么大惊小怪的!一路上我顺便从树上摘下来,装满了我的口袋。"

"栗子也烤熟了吗?"

"假使火一生着我没把栗子煨在里面的话,我的脑袋瓜是干什么使的?在地里总是这样做的。"

"哦,小玛丽,咱们一块儿来吃晚饭吧?我愿为你的健康干杯,祝愿你有个好丈夫……像你所希望的那样。给我说说这方面你有什么想法吧!"

"这叫我很为难,热尔曼,因为我连想都没有想过。"

"怎么,一点儿没想过?从没想过?"热尔曼说,他开始用农夫的胃口吃起来,但切下最好的部分送到他的旅伴的面前,她执拗地不接受,只取了几个栗子。他看到她不想回答自己这个问题,便又说:"告诉我,小玛丽,你还没有想到结婚吗?可是你已经到年龄了!"

"兴许想过,"她说,"但我太穷了。至少需要一百个艾居①才能结婚成家,我得工作五六年才能攒满这笔钱。"

"可怜的姑娘!我真想让莫里斯老爹给我一百个艾居,再转送给你。"

"太感谢了,热尔曼。那末别人会怎样议论我呢?"

"别人会说什么?人人都知道我年龄太大,不能娶你。所以别人不会对我……对你有什么……"

"唉,热尔曼!瞧,您的孩子醒了。"小玛丽说。

---

① 在法国大革命以后,艾居指值五法郎的钱币。

九　晚　祷

　　小皮埃尔翻身坐了起来,若有所思地张望着四周。

　　"啊!这家伙,他听到有人吃东西,决不会放过的,"热尔曼说,"大炮声不能把他惊醒,但只要有人在他旁边嚼动下巴颏儿,他马上就会睁开眼睛。"

　　"您在他的年纪,也该是这样的,"小玛丽带着狡黠的微笑说,"喂,我的小皮埃尔,你在找床顶吗?今夜它是树荫做成的,我的孩子;但你的爸爸晚饭照样没少吃。你想同他一起吃晚饭吗?我没有吃掉你的一份;我早就想到你会要的!"

　　"玛丽,我希望你吃一点,"农夫叫着说,"要不然我就不吃了。我是一个馋鬼,一个老粗;你呢,你省下来给我们吃,这是不公道的,我很惭愧。瞧,我的食欲都没了;如果你不吃的话,我也不让我儿子吃。"

　　"您让我们安生点吧,"小玛丽回答,"我的胃口的钥匙不在您手里。我的胃口今儿个封上门了,而您的皮埃尔的胃口却像头小狼的胃口一样打开了。喏,瞧他那副狼吞虎咽的样子!噢!他将来也是个身强力壮的庄稼汉!"

小皮埃尔不一会儿当真显出了有其父必有其子的样子,他刚刚睡醒,还不明白在什么地方,怎么来的,就开始吞吃起来。等他吃饱了,便像摆脱了束缚的孩子那样兴奋,比平时更加聪明、好奇和滔滔不绝。他问自己到了哪里,待他知道是在树林中时,他显得有点害怕。

"这个树林里有凶恶的野兽吗?"他问他的爸爸。

"没有,"他爸爸回答,"一只也没有,根本用不着害怕。"

"你撒谎了,刚才你对我说,要是我同你到大树林里去,狼会拖走我的!"

"瞧他嘴多厉害!"热尔曼发窘地说。

"他没错儿,"小玛丽说,"您刚才是这样对他说来着;他记性很好,想起来了。不过,我的小皮埃尔,要知道你爸爸从来不撒谎。我们穿过大树林时你正睡着,眼下我们是在小树林里,这儿没有猛兽。"

"小树林离大树林很远吗?"

"相当远;狼不会走出大树林。再说,要是有狼跑到这儿来的话,你爸爸会把狼打死的。"

"你也打狼吗,小玛丽?"

"我们一起打,我的皮埃尔,你会帮我们大忙的,对不对?你不害怕吧?你会狠狠地打!"

"是呀,是呀,"孩子骄傲地说,摆出了英雄的姿态,"咱们会把狼杀死的!"

"没有人比得上你同孩子谈得来,让他们懂道理,"热尔曼对小玛丽说,"没多久以前你自己还是个孩子呢,还记得你母亲跟你说的话,这倒是真的。我深信人越年轻,便越同孩子合得来。我很担心,一个三十岁的女人,还不知道怎么做母亲,很难学会跟孩子们叽叽喳喳地说话和讲道理。"

"干吗学不会呢,热尔曼?我不明白干吗您对这个女人有偏见;您会改变看法的!"

"让这个女人见鬼去吧!"热尔曼说,"我真想打她那儿回来以后就再也不去了。我干吗要一个我不了解的女人呢?"

"我的小爸爸,"孩子说,"干吗今儿个你老在说妈妈,她不是死了吗?……"

"唉!难道你已经忘掉你可怜的好妈妈了吗?"

"没有,我看到她被放进一只漂亮的白木匣子里,外婆把我领到她身边去吻她,和她再见!……她全身是白的,都冰凉了,每天晚上舅妈教我祷告上帝,好让妈妈升天堂,在上帝身边身体热乎起来。你相信眼下她在天上吗?"

"但愿她在天国,我的孩子;应当时常祷告,让你妈妈看到你爱着她。"

"我这就祷告,"孩子说,"今儿晚上我没有想到做祷告。但我一个人做不了,我总要忘掉一点。小玛丽得帮帮我。"

"好的,我的皮埃尔,我来帮你,"少女说,"你过来,跪在我身上。"

孩子跪在少女的裙子上面,合十他的小手,开始背诵祷文,起先全神贯注,十分热忱,因为他开头记得很熟;后来慢了下来,结结巴巴,最后一字一字地跟着小玛丽念。每天晚上,当他念到祷文的这一段时,便打起瞌睡,他从未学会背到底。这一回还是照旧,专心致志和他自己声音的单调,产生了和往常一样的效果,他勉为其难地念着最后的音节,而且还是教了他三遍以后才念出的。他的头沉沉下垂,耷拉在玛丽的胸前;他的手松开了,垂落在自己的膝盖上。在篝火的亮光下,热尔曼瞧着他的小天使在少女的怀里打盹;她抱着他,她纯洁气息温热着他金黄的头发,她也让自己沉浸在虔诚的梦里,默默地为卡特琳的亡灵祈祷。

热尔曼感动了,竭力寻找话语,向小玛丽表达她使他油然而生的敬意和感激,但怎么也找不到能表达他思想的话语来。他挨近她,去吻她一直紧抱在怀里的孩子,他的嘴唇舍不得离开小皮埃尔的脑门。

"您吻得太重了,"玛丽对他说,一面轻轻地推开农夫的头,"您要把他闹醒的,让我再放他睡好,现在他又去做天堂的梦了。"

孩子让人放倒睡下,躺在马鞍的山羊皮上时却在问是不是骑在小青的背上。随后,睁开他蓝色的大眼睛,盯着树枝看了有一分钟,他好像在睁着眼睛做梦,抑或被白天溜进脑子里、临睡时才呈现出来的一个念头所激动。他说:

"我的小爸爸,如果你想给我另外一个妈妈,我愿意她是小玛丽。"

他不等回答,就合上眼睡着了。

十　冒着寒冷

小玛丽对孩子古怪的话看来并不在意,只当作好意的话看待;她给他仔细盖好,拨旺了火。笼罩在附近沼泽上面的浓雾看来离散开还早得很,她便劝热尔曼在火边拾掇一下,打一个盹儿。

"我看出您已经想睡了,"她对他说,"因为您一声不吭,您瞪着火炭,就像您的小家伙刚才那模样。得了,睡一会儿吧,我来守着孩子和您。"

"睡觉的该是你,"农夫回答,"我呀,我来守着你们俩,因为我没有一点睡意;我脑子里有五十个念头在转悠。"

"五十个呀,真不少,"姑娘带点调侃的意味说,"有多少人只要有一个念头就很高兴了!"

"那末,我要是没有五十个的话,至少有一个,一小时以来老纠缠着我。"

"我马上给您讲出来,包括您以前有过的念头。"

"好哇,你要猜得出来就说出来吧,玛丽,由你说给我听,那我才高兴呢。"

"一个钟点以前,"她说,"您想吃……现在您想睡。"

"玛丽,我不过是一个放牛的,而你却简直把我当作一头牛了。你是一个淘气的姑娘,我看出你根本不想跟我聊聊。你睡吧,那总比数落一个闷闷不乐的人要好些。"

"要是您想聊聊的话,咱们就聊吧,"姑娘说,一面半躺在孩子旁边,头倚着马鞍,"您在自寻烦恼,热尔曼,这方面您没有显出多少男子气概来。如果我不是竭力克制自己的悲哀的话,我呀,我有什么话不好说呢?"

"那是当然,我放心不下的正是你的苦恼,我可怜的孩子!你要远离你的亲人,生活在一个尽是荒野和沼泽的鬼地方,你会染上秋季的寒热病,那儿养绵羊不会有什么收益,一个想养好羊的牧羊女总要发愁;再说,你要待在陌生人中间,他们兴许不会好好待你,不了解你好在哪里。瞧,这真叫我说不出的难受,我真想把你带回你家里,不去富尔什了。"

"您说了这么些,心地真好,但缺少理智,我可怜的热尔曼;对朋友不该说泄气话,您不该给我指出我的命运不好的一面,而是应该给我指出好的一面,就像咱们在勒贝克那个酒店吃东西时您所做的那样。"

"有什么办法呢!那会儿我是那种看法,而眼下看法又另一个样。你最好是找到一个丈夫。"

"那不可能,热尔曼,我已经对您说过了;正因为不可能,我也就不去想它了。"

"但如果找得到呢？兴许，你肯告诉我，你希望要什么样的人，我就能够想出一个人来。"

"想出不等于找到。我呀，既然白费心思，也就不去设想。"

"你不想找一个家境富裕的吗？"

"不，哪敢这样想，因为我像约伯①一样穷。"

"要是他家境宽裕，你就可以不愁住得好，吃得好，穿得好，一家子都是正正派派的人，能让你接济你母亲，怎么样？"

"噢！那样敢情好！能接济我妈妈是我的全部心愿。"

"如果真有这种机会的话，即使男方不太年轻，你也不会太挑剔吧？"

"啊！请原谅，热尔曼，这正是我看重的一点。我不喜欢年纪大的！"

"年纪大当然不行；但比如像我这样年纪的呢？"

"您的年纪对我来说是太大了，热尔曼；我喜欢像巴斯蒂安那样的年纪，虽然巴斯蒂安不如你漂亮。"

"你更喜欢养猪的巴斯蒂安吗？"热尔曼不高兴地问，"喜欢这个眼睛长得像他所赶的牲口一样的小伙子吗？"

"我不管他的眼睛，只因为他是十八岁。"

热尔曼感到自己嫉妒得要命。他说：

"得了，我看你爱上了巴斯蒂安，这毕竟是一个怪念头！"

---

① 约伯是《旧约》上最穷的人，忍受着上帝的考验。

"是的,这可能是一个怪念头,"小玛丽回答,放声大笑,"他会成为一个怪丈夫。你要他信什么他就信什么。比方那一天,我在本堂神甫的菜园里捡到一只西红柿①,我对他说,这是一只好看的红苹果,他像馋鬼一样咬了一口。您要能看到他那副丑态就好了!我的上帝,他多丑呀!"

"既然你嘲笑他,那末你并不爱他喽?"

"这不能算是一个理由。但我并不喜欢他:他待他的小妹妹很凶,人又邋遢。"

"那末,你不觉得对别的人有意思吗?"

"这跟您有什么相干呢,热尔曼?"

"毫无相干,说说罢了。姑娘,我看你心里已经有个情人。"

"没有,热尔曼,您想错了,我还没有情人,以后也许会有。既然我打算攒上一点钱再结婚,我注定要晚结婚,嫁给一个年纪大的人。"

"那末,马上嫁给一个年纪大的吧。"

"不!要等我不再年轻的时候,那我就无所谓了;眼下是另外一回事。"

"玛丽,我看出我不讨你喜欢;这是一望而知的。"热尔曼没有斟酌字句,气恼地说。

小玛丽没有搭腔。热尔曼向她俯下身子,她睡着了;仿佛受到瞌睡的袭击被征服了一样,孩子们就是这样的,他们还在叽叽咕咕说着

---

① 当时,在法国南部,很少种植西红柿。

话,却已经睡着了。

热尔曼很欣幸她没有注意到自己最后的几句话;他承认说得很不得体。他转过背去,想改变思路,散一散心。

但那也是枉然,他睡不着,不想别的,净想刚才说过的话。他绕着火堆转来转去,走开了,又走回来;末了,他激动得好像吞了大炮火药一样,倚在那棵荫蔽着两个孩子的树干上,瞅着他们睡觉。

他心里想着:"我说不清我怎么从来没有发觉这个小玛丽是这一带最漂亮的姑娘!……她虽然气色并不好,但她的小脸像荆棘丛中的玫瑰一样娇嫩!多么可爱的嘴巴,多么小巧的鼻子!……就她的年纪来说,她不算高大,身段长得像只小鹌鹑一样,体态像燕雀那样轻盈!……我不明白这儿的人干吗那样欣赏高大肥胖、脸色血红的女人……我的女人比较瘦小苍白,但她比谁都讨我喜欢……这一个也很娇弱,但她的身体并非更坏,她好看得像只白羊羔一样……再说,她的神态多么温柔忠厚!能从她的眼里看到她的善良的心,即使她眼睛闭着在睡觉时也一样!……说到聪明,应当承认,她胜过我亲爱的卡特琳,跟她在一起不会觉得烦闷……她快活、聪明、勤快、多情和风趣。我看不出还能希望找到更好的女人……"

热尔曼企图从另一个角度去考虑,继续想:"我干吗老想着这些呢?我的岳父不爱听这些话,全家人都会说我是疯子!……再说,她本人也不想要我,这可怜的孩子!……她觉得我年纪太大,刚才她对我这样说来着……她一副无所谓的样子,不在乎还要忍受贫穷苦难,穿着寒碜的衣服,一年里有两三个月要忍饥挨饿,只要有一天能够嫁给一个自己喜欢的丈夫,就心满意足了……她呀,她是对的!我在她的地位,也会那样做的……打现在起,如果我能够顺着自己的心意办事,自己不满意的婚事就不去着手进行的话,那我就挑一个合意姑娘……"

热尔曼越是想去分析,使自己的心情平静下来,就越是做不到。他走到二十步以外,消失在浓雾中;蓦地,他又走回来跪在两个睡着的孩子身边。他想再吻一吻小皮埃尔,他的一条臂膀搂着玛丽的脖子;他吻错了地方;玛丽感到有股像火一样的热气在她的嘴唇上一扫而过,她惊醒过来,惶恐不安地望着他,一点儿不明白他想干什么。

"我看不清你们,我可怜的孩子们!"热尔曼说,赶紧缩回身子,"我差点儿压在你们身上,把你们压痛了。"

小玛丽天真地信以为真,又睡着了。热尔曼走到火堆的另一头,向上帝起誓,他不再走动,直到她睡醒。他信守诺言,但心里很不自在,以为自己都要发疯了。

将近子夜,雾终于散去,热尔曼可以透过树枝看到繁星闪烁。月亮也从蒙盖着它的雾气中挣脱而出,开始在湿漉漉的苔藓上洒下星星点点的钻石。橡树干仍然处在庄严肃穆的黑暗中,稍远一点,桦树的白色树干活像一排裹着尸布的幽灵。火光映在水塘中;青蛙习惯了火光,试着发出几下细弱胆怯的鸣声。老树虬结的枝丫布满白色的地衣,仿佛干瘦的巨大臂膀似的,伸展交叉在我们的旅行者的头顶上;这是一个美妙的地方,可是荒凉寂寞,热尔曼忍受不了,便唱起歌来,往水里扔石子,排解这可怕的孤寂烦闷。他想叫醒小玛丽;这时他看见她站起身来,看看是什么时辰,他向她提议重新上路。

"再过两个小时,"他对她说,"快要天亮,天气会非常冷,尽管有火,咱们也忍受不了……现在往前赶路可以看得清了,咱们会找到一个肯接待我们的人家,至少可以找到一个谷仓,咱们可以在屋顶下度过这一夜。"

玛丽没有别的好主意,虽然她还很想睡觉,但她准备跟着热尔曼上路。

热尔曼抱起他的儿子,没有把他弄醒,并要玛丽挨着他,藏在他的披风里,因为她不愿意把自己裹着小皮埃尔的披风抽出来。

当他感到那少女这样挨紧他时,本来心情已经舒展和快活起来的热尔曼又开始失魂落魄了。有两三次他骤然地分开,让她一个人走。后来看到她跟不上,便又等着她,猛地把她拉到自己身边,搂得那样紧,她感到很惊讶,甚至有点恼火,但不敢说出来。

他们根本不知道往哪个方向走,也不知道走到哪儿去;他们在树林里又转了一圈,重新回到那片空旷的荒野面前,于是又循着原路回来,兜来转去走了很长时间,终于透过树枝看到了亮光。

"好了!那儿有一所房子,"热尔曼说,"人都已经起来了,因为火都生着啦。天已经不早了吗?"

但这不是一所房子,这是他们动身时压住的篝火,微风又把火吹燃了……

他们走了两个小时,又回到了出发的地方。

十一 露　　宿

"这一下我没辙儿了！"热尔曼跺着脚说，"咱们准是中邪啦，非到大天亮不能从这儿出去。这地方保准有鬼作怪。"

"得了，得了，别恼火了，"玛丽说，"咱们得打定主意。生一堆更大的火，孩子裹得这样严实，不会出什么事，在露天过一夜，咱们不会死的。您把马鞍藏到哪儿去啦，热尔曼？在枸骨叶冬青里边，这个冒失鬼！该去把它取出来！"

"接住孩子，抱好了，让我把他的床从荆棘丛里拉出来；我不想让你戳痛手。"

"好了，床在这儿，手戳破几个地方又不是挨了几刀。"勇敢的姑娘说。

她重新安排小皮埃尔睡下，这回他睡得那么熟，竟一点儿没有觉察这一番新的旅行。热尔曼在火上放了好多木柴，把周围的树林都照亮了；但小玛丽再也支持不住，虽然她一点儿没抱怨，但已经站不稳了。她脸色苍白，牙齿因为寒冷和疲乏抖得格格作响。热尔曼搂住她，好让她暖和；焦虑不安、怜悯同情、不可抑制的温存举动，占据了他的心灵，使他的感官平静下来。他的舌头奇迹般地松动起来，一切羞涩都消失了。

"玛丽，"他对她说，"我喜欢你，而不能讨你喜欢，我觉得很不幸。如果你愿意接受我做你的丈夫的话，那末，岳父、亲戚、邻居、别人的劝告都不能阻止我献身给你。我知道你能使我的孩子们幸福，你会教他们牢记他们的母亲，我问心无愧，也就心满意足了。我一向对你有好感，现在我感到那么爱你，如果你要求我一辈子都听从你的吩咐的话，我马上可以发誓要这样做。求求你看看我多么爱你，想法子忘掉我的年龄吧。请这样想：认为三十岁的男人已经老了是一个错误的想法。况且我只有二十八岁！一个年轻姑娘生怕嫁给一个比自己大十到十二岁的男人，就被别人说闲话，因为这不合本地的风俗；但我听说过，别的地方不把这当作一回事；相反，人们宁愿给年轻姑娘找个依靠，把她嫁给知情达理、具有百折不挠勇气的男人，而不是会走入歧途的小伙子，人们以为他是个好人，他却会变成一个坏蛋。再说，岁月不一定使人年老，这要看一个人的精力和健康情况。如果一个人被过度的劳动和贫穷，或者被放荡的行为耗尽了精力，他在二十五岁之前就会衰老。而我却不同……你没在听我说话，玛丽。"

"不，热尔曼，我听得很仔细，"小玛丽回答，"但我在想我母亲一直对我所说的话：一个六十岁的女人，如果她的丈夫是七十岁或七十五岁，不能再干活来养活她的话，那是很可怜的。他成了个废物，而她这个岁数，也开始非常需要照顾和休息，却不得不照料他。这样下去，会终于一贫如洗。"

"父母长辈说这种话是有道理的,我承认,玛丽,"热尔曼说,"但总之,他们要是牺牲人生最美好的青春时光,去预见老年的结局,那时一个人已经没有什么用处了,怎么了结已无所谓了。而我呢,我到老年不会有饿死的危险。眼下我能够攒点儿钱,因为我同岳父母一起过,干得多,花得少。再说,我会非常爱你,你看吧,这会防止我衰老。听人说,一个人生活幸福能保养自己,我觉得,说到爱你,我比巴斯蒂安更年轻;因为他并不爱你,他呀,他太蠢,太孩子气,不明白你多么漂亮,多么善良,生来是被人追求的,得啦,玛丽,别讨厌我,我不是一个可恶的人;我让我的卡特琳很幸福,她临死前在上帝面前说过,我一直都使她心满意足,她吩咐我再娶一个。好像她的精灵今儿晚上对她睡着的孩子说过话。你刚才不是听到他所说的话吗?他的眼睛望着空中某种我们看不见的东西,而他的小嘴哆嗦着!他看到的是他的妈妈,你相信好了,正是她让他说出,他想要你代替她。"

"热尔曼,"玛丽不胜惊讶而且若有所思地回答,"您说得很坦率,您的话是真心实意的。我拿得稳我爱您是不会爱错的,如果这不会引起您的岳父母不满的话;但您干吗要我这样做呢?我的心没有替您说话。我很喜欢您,虽然您的年龄还没有使您变得难看,但却叫我害怕。我觉得您对我来说总像个什么人,好比叔叔或者教父一样;我应当对您尊敬,您会有时把我看作一个小姑娘,而不是您的女人和同辈;再说,我的朋友们兴许会嘲笑我,尽管去理会这些事很蠢,但我相信在结婚那天,我会羞愧难言,有点悲哀。"

"这是些小孩子的理由;你说话完全像个孩子,玛丽!"

"是呀,我是个孩子,"她说,"就因为这个,我害怕太有理智的男人。您看得很清楚,我配您是太年轻了,因为您已经责备我说话没有理智,我这样的年龄,不可能有更多的理智。"

"唉!我的上帝,我这样笨嘴拙舌,表达不好心里的想法,真是多么可怜呵!"热尔曼嚷着说,"玛丽,您不喜欢我,事实就是这样;您觉得我太简单,太笨拙。如果您有点喜欢我的话,您不会这样清楚地看到我的缺点。您并不喜欢我,就是这样!"

"这不是我的错儿,"她回答,对他不再以你相称感到有点不快,"听您这么对我说,我是尽力而为了,但我越是朝这方面使劲,脑子里就越装不进去:我们要成为夫妻。"

热尔曼没有吱声。他的手捧着头,小玛丽不知道他是在哭泣、赌气,还是睡着了。看到他这样阴沉,猜不透他在转什么念头,她心里有点不安;但她不敢对他再多说什么,她对刚才发生的事惊诧不已,不想再睡,急不可耐地等着天亮,一面不断地照看火堆和孩子,热尔曼仿佛再也不想孩子了。然而热尔曼根本没有睡觉;他没有思索自己的命运,也没有设想大胆的计划,作出诱惑的打算。他心里难受,有山一样高的烦恼压在心上。他真想死去。一切都好像对他不利,如果他能哭的话,他一定痛快地哭一场。但在苦恼中也有一点对自己的恼火,他压抑着,不能也不愿诉说出来。

等到天亮,田野里的响声向热尔曼透露信息时,他的手从脸上放下来,他站起身,看到小玛丽也没睡,但他不知对她说什么,以表示他的关心。他完全泄气了,他又把马鞍藏到荆棘丛里,口袋搭在肩上,手里牵着儿子。

"玛丽,"他说,"现在咱们尽快赶到目的地。你愿意我送你到奥尔莫吗?"

"咱们一起走出树林吧,"她回答说,"等摸清了方向,我们再各走各的路。"

热尔曼没有回答。姑娘没有要他把自己带到奥尔莫去,他感到不快,他没有发觉自己刚才的腔调势必会引起拒绝。

他们走了两百步远,遇到一个樵夫,他把他们引上了正路,还告诉他们,穿过大牧场,一个笔直往前走,另一个向左走,就可以到达各自的目的地;这两个地方紧相毗邻,从奥尔莫农场可以清楚地看到富尔什的房子,反过来也一样。

他们谢过樵夫,往前走去,樵夫又叫住他们,问他们是不是丢了一匹马。他对他们说:

"我在院子里找到一匹漂亮的小青马,兴许是狼把它逼到这儿寻找躲避的地方。我的几条狗叫了一夜,天亮时我看到这匹马在我的车棚下,眼下还在那儿。咱们去瞧瞧,如果你们认出是它的话,就把它领走。"热尔曼先说出小青马的特征,确信就是它,于是他又回去寻找马鞍。小玛丽便向他提出,把他的孩子带到奥尔莫,待他去过富尔什,再来把孩子领走。

"我们过了这一夜,他身上有点龌龊,"她说,"我洗干净他的衣服和他漂亮的小脸蛋,给他梳好头,等他漂漂亮亮、整整齐齐的时候,您可以把他介绍给您的新家庭。"

"谁对你说我要去富尔什?"热尔曼没好气地回答,"也许我不去了!"

"不,热尔曼,您应该去,您要去。"姑娘说。

"你急着要我同另一个女人结婚,好放心我不来麻烦你?"

"得了,热尔曼,别再这样想了:这个念头是您昨夜才有的,这次倒霉的遭遇有点扰乱了您的脑子。而眼下您必须恢复理智;我答应您忘掉您对我说过的话,决不对别人提起。"

"咳!你愿意的话,说出去好了。我不爱否认自己的话。我跟你说的是真心实意的话,在任何人面前我决不会脸红。"

"不错,但您的女人如果知道,您到她家的时候,早在想着另一个女人,那她对您不会有好感。所以您要留神现在的一言一语;别这样在人前怪模怪样地看着我。想想莫里斯老爹,他是相信您会服从他的。如果我使您违拗他的主意的话,他要对我不客气的。再见,热尔曼;我将小皮埃尔带走,好让您不得不去富尔什。这是我替您保管的一样抵押品。"

"你愿意跟他一起去吗?"农夫对他的儿子说,一面已看到孩子攥住小玛丽的手,决意要跟着她。

"愿意,爸爸。"孩子回答,他听到并按自己的方式去理解大人毫不回避地当着他的面所说的话,"我要跟我可爱的玛丽一起走;你结好婚以后再来找我好了;我可要玛丽做我的小妈妈。"

"你瞧,他要你做妈妈呢!"热尔曼对姑娘说,"听着,小皮埃尔,我巴不得这样,要她做你的妈妈,同你老待在一起;可她不愿意,她拒绝我了,你想办法叫她答应你。"

"放心吧,爸爸,我会让她答应的;我要什么,小玛丽就会做什么。"

孩子和姑娘离开了,剩下热尔曼一个人,比先前更加忧愁,更加六神无主。

十二　乡下美人

他的衣服和马具一路上弄得凌乱不堪,待他理好,骑上了小青马,按别人指点的到富尔什的路走去的时候,他想自己再也没法后退,应该把这激动的一夜像一场噩梦那样忘掉。

他看到莱奥纳老爹在他白房子的门口,坐在一张漆成菠菜绿的漂亮长凳上。门前有六级石阶,一看便知,这房子有个地窖。菜园和大麻田的围墙抹上了灰沙。这是一所漂亮的住屋,不注意会误认为是资产者的住宅。

未来的岳父走上前来迎接热尔曼,关于他全家的情况问了有五分钟,然后插入一句对邂逅相遇的人的客套话,问他此行的目的:"您是到这儿来溜溜吗?"

"我是来看望您的,"农夫回答,"代我的岳父给您送上这点野味薄礼,还给他带句话:您该知道我来拜望的目的。"

"哈哈!"莱奥纳老爹朗声笑起来,拍着自己滚圆的肚子,"我看出来啦,明白啦,有数啦!"他眨了眨眼,添上说,"我的年轻人,来献殷勤的不止您一个人呢。屋里已经有三个人像您一样等着。我呢,哪一个我都不打发走,我很难说谁好谁坏,因为都是顶呱呱的对象。不过,看在莫里斯老爹的面上,还有您种的都是好地,我宁愿是您中选。但我的女儿已经成年,她是自己产业的主人,她要按自己的主意做事。进屋吧,让大家认识一下您;我希望您中彩!"

"对不起,请原谅,"热尔曼回答,他原来以为只有他一个人,现在发现是个候补者,觉得非常惊诧,"我不知道您的女儿已经有了求婚的人,我不是来同别人争夺的。"

"我的孩子,"莱奥纳老爹仍然心平气和地回答,"如果您以为您来迟了,我的女儿就没有求婚人的话,那您就大错特错了,卡特琳有吸引求婚者的地方,她的困难是选中哪一个。我说,您进屋吧,不要失掉勇气。这是一个值得卖力争夺的女人。"

他带着粗俗的笑意推着热尔曼的肩膀,进屋后嚷着说:"喂,卡特琳,又来了一个!"

这样当着其他求婚者的面把他介绍给那个寡妇的方式既轻率又粗鲁,使热尔曼惊慌失措,大为不快。他显得很笨拙,一时不敢抬起眼睛瞧那美人和那些求爱的人。

寡妇盖兰长得不错,也不缺少风韵。但她的表情和打扮头一眼就不讨热尔曼喜欢。她的神态大胆而倨傲;她的镶了三层花边的帽子,她的绸围裙,她的黑绸头巾,和他想家中严肃端庄的寡妇很不相称。

这样讲究服装,这样放肆的举止,使他觉得她又老又丑,虽然她两样都不是。他想,这样的珠光宝气和跳跳蹦蹦,似乎对小玛丽的年龄和聪明才智倒更合适些,这个寡妇的玩笑粗鲁大胆,她盛装打扮显得很俗气。

三个求婚者坐在一张摆满酒菜的桌边,整个星期日早上,这些东西都要为他们摆在那里;因为莱奥纳老爹喜欢摆阔,寡妇也很乐意摆出她漂亮的餐具,像财主一样以盛宴款待客人。热尔曼虽然生性纯朴和容易相信别人,却观察透彻,他生平第一遭怀着戒心同人干杯。莱奥纳老爹硬要他坐在竞争者中间,并坐在他的对面,殷勤地招待他,对他特别偏爱。作为礼物的野味虽然热尔曼吃掉了一部分,仍然很丰盛,足以产生效果。寡妇显得很领情,而那几个求婚者却对这些礼物投以轻蔑的一瞥。

热尔曼在这群人中觉得很不自在,吃得也不痛快。莱奥纳老爹拿他开玩笑说:"瞧您这样愁眉苦脸的,您是在对酒杯赌气吧。别让爱情伤了您的胃口。因为一个空肚子的情人,决不会像喝一点儿酒就会思路大开的人那样,妙语连篇。"热尔曼被人看作已经堕入情网,真是有苦难言。那寡妇装模作样,垂下眼帘,微露笑容,就像对自己的行动十拿九稳的人那样,这使他真想否认自己已拜倒在石榴裙下;但他生怕显得失礼,只得强作欢颜,竭力忍耐。

在他眼里,寡妇的情人是三个粗野的人。他们一定很有钱,所以她才接受他们的追求。有一个已经四十开外,像莱奥纳老爹一样肥胖;另一个是独眼龙,已经喝得昏头昏脑;第三个是年轻的、相当漂亮的小伙子,他想卖弄聪明,说的话这样平庸,实在令人可怜。但寡妇觉得好笑,仿佛她很欣赏这些蠢话似的,由此证明她趣味不高。热尔曼起先以为她很中意这个小伙子；但一会儿他发觉自己受到一种特殊的鼓励，主人希望他卖点劲儿。他反倒有了理由让自己显得更加冷淡、更加严肃。

做弥撒的时候到了，大家离开桌子一同前往。要一直走到半里地以外的梅尔斯林，热尔曼精疲力竭，他真想有点时间先睡一会儿；可是他从来不错过望弥撒，于是他同别人一起上了路。

路上挤满了人，寡妇趾高气扬地走着，三个求婚者簇拥着她，她一忽儿挽着这个的手臂，一忽儿又挽着另一个的手臂，昂首挺胸，神气十足。她很想让行人看到第四个求婚者，但热尔曼觉得在众目睽睽之下，成串地被一个穿裙子的娘儿们拖着走，未免太荒唐可笑；他便保持适当距离，一面同莱奥纳老爹说着话，想法让他开心，缠着他，好让他们两个显得不像属于那一伙似的。

十三　农场主

他俩到达那村子的时候,寡妇停下来等他们。她一定要带着她的全班人马一同进去;而热尔曼不肯给她这种满足,离开了莱奥纳老爹,走近几个熟人,从另一个门走进教堂。寡妇十分恼恨。

做过弥撒,她在跳舞的草坪上得意洋洋地到处露脸,轮流跟她的三个情人跳舞。热尔曼看着她跳,觉得她跳得不错,可是有些装腔作势。

"喂,"莱奥纳老爹拍了拍他的肩膀说,"您怎么不同我的女儿跳舞?您未免太胆小了。"

"打从我女人死后,我就不跳舞了。"农夫回答。

"嗨!既然您要再找一个,心上的悲哀就该同身上的丧服一起脱掉。"

"这不是理由,莱奥纳老爹;再说我觉得自己年纪大了,不再喜欢跳舞了。"

"听着,"莱奥纳把他拉到一个僻静的地方说,"您进了我家,看见宾朋满座,心里有气,我看出您很敏感,容易生气;不过这是不理智的,我的孩子。尤其是两年来她服丧期满以后,我的女儿习惯了别人献殷勤;总也不该她来巴结您呀。"

"您的女儿要结婚已经有两年了,难道她还没有找到对象吗?"热尔曼问。

"她不愿匆匆忙忙,她是对的。尽管她外表轻浮爱俏,您兴许觉得她不够稳重,但她是一个很有见识的女人,明白自己的所作所为。"

"我倒不觉得是这样,"热尔曼直率地说,"在她后面拖着三个情人,如果她明白自己要的是谁的话,她至少觉得有两个是多余的,会请他们待在他们自己家里。"

"干吗要这样呢?您一点不懂奥妙,热尔曼。她不要那个老的,也不要独眼龙和年轻人,这我有八九分把握;而如果她打发走他们的话,人家会以为她还想守寡,以后也就不会有别人来了。"

"啊!也是的!这些人是用来当招牌的!"

"你说得不错。如果这对他们倒也合适的话,有什么坏处呢?"

"各有所好嘛!"热尔曼说。

"我看出您的所好不是这样。可是,咱们可以谈到一起嘛,假设您被选中了,别人就会让位给您。"

"是呀,假设一下!但在知道被选中之前,要闲待多少时候呢?"

"这要看您了,我想,要看您会不会说话和得到她的心。眼下,我女儿很明白,这辈子她最好的光阴是她被人追求的时候,她还能支配几个男人时,她并不急于做人家的奴仆。所以,只要这场游戏叫她开心,她还要乐它一下;而要是您比游戏更叫她喜欢的话,这场游戏就会结束。只要您不灰心气馁就行。每个星期天都来同她跳舞吧,如果她觉得您比别人更可爱、更礼节周到的话,她迟早有一天准会给您一个好讯的。"

"对不起,莱奥纳老爹,您的女儿有权利爱怎么做就怎么做,我没有权利来非难她。我要在她的地位的话,不会这样做;我会做得直率一些,不会让男人浪费时间,他们不必围着一个耍弄他们的女人团团转,准定有更好的事情可做。总之,即使她感到这里有乐趣和幸福,那也与我无关。只是我要告诉您一句话,打从今天早上起,我就很难向您开口,因为您一开头就误会了我的来意,您又不让我有机会解释,以致您相信了那根本没有的事。您要知道,我来这里不是向您女儿求婚的,而是要买那对牛,就是您准备下星期拉到集上去的,我岳父觉得会中他的意。"

"我明白,热尔曼,"莱奥纳很平静地回答,"您看到我的女儿同求爱的人在一起,就改变了主意。您请便吧。看来,能吸引这部分人的,却使另一部分人扫兴,既然您还没有开口,您有权退出。如果您真要买我的牛,请到牧场去看看;回头我们再来谈谈,这买卖不管做成做不成,您回去之前一定得同我们一起吃中饭。"

"我不想多打搅您,"热尔曼说,"兴许您在这儿有事;我呢,我看着跳舞,没事可干,心里闷得慌。我去看看您的牲口,一会儿我到您家去找您。"

说完,热尔曼便脱身了,他朝牧场走去,莱奥纳已经指给他看远处的一部分牲口。莫里斯老爹当真要买牲口,热尔曼心想,如果他牵回家一对价钱适中的漂亮的耕牛的话,他故意错过此行的目的,也就会得到原谅了。

他走得很快,一会儿便离奥尔莫不远了。他感到要去抱吻儿子,甚至想再见见小玛丽,虽然他已经失望,驱走了从她那儿得到幸福的想法。他的所见所闻,这个风骚的爱慕虚荣的女人,这个狡猾而又头脑狭隘、怂恿女儿养成自负虚假恶习的父亲,在他看来,这种同乡村风俗的庄重相悖的城市奢华,在无聊愚蠢的闲话中消磨掉的时间,这个同他家里截然不同的家庭,尤其是庄稼人离开了劳动习惯后所感到的极不自在,这几小时以来他所遭受的烦恼窘困,使热尔曼渴望同他的孩子和他的小邻居重逢。即使她没有爱上他,他还是想找她散散心,使他的精神恢复常态。

但他白白地瞭望附近的牧场,他既找不到小玛丽,也找不到小皮埃尔;可是,这已经是牧人来到田野的时候。在一片休耕地上有一大群牲口;他问一个放牧的小孩,这是不是奥尔莫农场的羊群。

"是的。"孩子说。

"你是牧童吗?你们这儿是由男孩子放羊吗?"

"不是。我今天放羊是因为牧羊女走了:她得了病。"

"今天早上你们不是新来了一个牧羊女吗?"

"噢!不假!她也已经走了。"

"怎么,走了?她不是带着一个小孩吗?"

"是的,一个老在哭的小孩。两个小时后他俩都走了。"

"往哪儿走？"

"看模样是朝来的方向走。我没问他们。"

"他们干吗要走呢？"热尔曼问，越来越不安。

"嗨！我怎么知道？"

"难道没有讲好工钱？可是这应该是事先商量好的。"

"我不知道，所以也没有什么可以对您说的。我看到他们来了又走了，就这么回事。"

热尔曼朝农场走去，询问那些佃农。没有人说得清，但有一件事是确实的：姑娘跟农场主谈过之后，一声不吭，带着哭哭啼啼的孩子就走了。

"难道有人虐待我的儿子？"热尔曼嚷着说，他的眼睛在冒火。

"那是您的儿子吗？他怎么会同这个姑娘在一起？您打哪儿来？叫什么名字？"

热尔曼看到，佃农按照本地的习惯，用别的问题来回答他的问题，便不耐烦地跺着脚，要求见一见农场主。

农场主不在，他不是整天待在农场里的，他骑着马，不知到他的哪一个农场去了。

"总之，"热尔曼焦急不安地说，"你们不知道这个姑娘走掉的原因吗？"

佃农和他的女人交换了一个古怪的笑容，然后回答说他一无所知，这事同他不相干。热尔曼探听到的，只是姑娘往富尔什那边走了。他跑到富尔什：寡妇和求爱的人还没有回来，莱奥纳老爹也没有回来。

女仆告诉他,有个姑娘和一个孩子来找过他,由于不认识他们,她不愿接待,劝他们到梅尔斯去了。

"您干吗不肯接待他们呢?"热尔曼恼火地说,"这地方的人真是多疑,难道对邻居都不肯开门吗?"

"当然啦,"女仆回答,"在这样有钱的人家,自然该多加小心。主人不在的时候,一切我都要负责,我不能对随便什么人都开门。"

"这风气真丑恶,"热尔曼说,"我宁愿贫穷,也不愿这样提心吊胆地生活。再见,姑娘!再见,你们这个鬼地方!"

他向附近人家打听,有人看到过牧羊女和孩子。因为那孩子是自作主张从伯莱尔跑出来的,没有梳理过,穿着有点撕破的罩衫,披着那张小羔羊皮;小玛丽一向穿着很差,所以别人把他们看成是乞丐,给了他们一点面包。姑娘要了一片给那饿了的孩子,然后她带着他很快离开了,走到树林那边去了。

热尔曼沉吟了一会儿,然后问奥尔莫的农场主有没有到富尔什来过。

"来过,"那人回答,"姑娘走后不久,他骑着马经过这儿。"

"他是不是在追赶她?"

"啊!那么您了解他了?"和他说话的当地酒店老板笑着说,"当然啦;这个放荡的家伙追逐起姑娘来没个命。但我不信他会追逐这一个;即使他见到了她……"

"够了,谢谢!"

他与其说是跑,还不如说是飞到了莱奥纳的马厩。他将马鞍扔到小青的背上，腾身上马，朝尚特卢伯树林那边疾驰而去。

他的心因不安和愤怒扑通扑通地跳着，汗水从脑门上淌下来。他把小青的腹部都刺出了血；而它看出是往回家的路上走，不用催促，也跑得很快。

十四　老太婆

热尔曼不一会儿又来到沼泽边过夜的地方,火堆还在冒烟;一个老太婆在捡小玛丽堆在那儿用剩的枯枝。热尔曼停下来向她打听。她是个聋子,误解了,他的问话:

"是的,我的孩子,"她说,"这儿就是魔沼。这是个坏地方,走近这儿得用左手扔三块石头到里面,同时用右手划十字:这样可以赶走妖怪。要不然,灾祸就会落到打这儿走过的人身上。"

"我不跟您说这个,"热尔曼挨近她,大声嚷嚷说,"您看到一个姑娘和一个孩子经过这个树林吗?"

"是的,"老太婆说,"淹死过一个小孩!"

热尔曼浑身都发抖了;幸而老太婆接着又说:

"那是在很久以前了;为了纪念这件不幸的事,还竖了一个漂亮的十字架呢;但在一个大风暴的夜里,恶魔把十字架扔到水里去了。眼下还可以看到它的一头。要是有人倒霉,在这儿耽搁过夜,不到天亮他准保走不出来。他怎么走都没用,他在树林里走上两百里,最后仍然会回到原来的地方。"

听到这一番话,农夫的想象不由自主地激动起来,一想到大概发生了什么不幸的事,会证实老太婆的说法;他这样紧张,以致觉得全身发冷。他看到没希望再打听到其他消息,便又骑上马,在树林里满处跑,使足了劲儿叫唤皮埃尔,还打着响鞭,折断树枝,使树林里充满了他走的响声,然后他倾听有没有声音回答他;但他只听到散布在矮树林中的母牛的铃铛声,还有在争夺橡实的猪的嚎叫声。

临了,热尔曼听到背后有一匹马追赶上来的蹄声,有个中年人,褐色皮肤,身体壮实,穿着半像半不像资产者,喊着叫他停住。热尔曼从未见过奥尔莫的农场主;但愤怒的本能使他马上断定就是这个人。他转过身,从头到脚打量着来人,等待着他说话。

"您看到一个十五六岁的姑娘带着一个小男孩打这儿经过吗?"农场主佯装很随便的样子说,尽管他显得很激动。

"您找她干吗?"热尔曼回答,并不想掩饰他的愤怒。

"对您实说吧,这事与您无关,我的朋友!但我没有必要隐瞒,告诉您吧,这是一个牧羊女,我不了解她就雇定她一年……待到我见她来了,觉得她太年轻,身体太弱,胜任不了农场的活计。我辞退了她,但我想付给她短途旅行的费用,我刚一转身,她却生气地走了……她这样匆忙,连她的一部分衣物和钱包也忘了拿,里面当然没有多少钱;兴许只有几个铜子!……反正我要打这儿经过,我想会遇到她,把她忘记拿走的东西和我欠她的钱交给她。"

听到这个虽则不算很真实,至少很有可能的故事,热尔曼的心太善良了,不禁踌躇起来。他用锐利的目光盯住农场主,对方厚颜无耻而又坦然地顶住了这种询问。

"我要弄明白这件事。"热尔曼心里想,强忍住愤怒说:

"这是我们村里的姑娘,我认识她,她应该打这儿过……我们一起往前走吧……我们准定会找到她。"

"您说得对,"农场主说,"我们往前走吧……可是,如果这条大路走到头还找不到她的话,我就不往下找了……因为我要走通到阿尔当特那条路。"

"嘿!"农夫暗想,"我不离开你!哪怕我要二十四小时陪着你在这魔沼周围打转!"

"等一等,"热尔曼突然说,他盯住一簇在奇怪地颤动的染料木,"喂!喂!小皮埃尔,是你吗,我的孩子?"

小孩认出了父亲的声音,便像一只狍子从染料木中跳了出来,但他一眼看到他的父亲由农场主陪伴着,便吓得止住脚步,不知所措了。

"来,我的皮埃尔!来,是我呀!"农夫嚷着向他驰去,他跳下马,把儿子抱在怀里,"小玛丽在哪儿?"

"她躲在那里,因为她害怕这个黑脸的坏蛋,我也怕。"

"嗨!放心吧;我在这儿……玛丽!玛丽!是我呀!"

玛丽爬着过来,她一看见农场主紧跟着热尔曼,便跑过去投在热尔曼怀里,紧偎着他,好似女儿偎着父亲一样。

"啊!我的好热尔曼,"她对他说,"您来保护我;和您在一起,我就不害怕了。"

热尔曼打了个寒战。他瞧着玛丽：她脸色苍白,衣服被荆棘撕破了,她像一头被猎人围猎的小鹿一样,四处奔跑,寻找茂密的树丛。但她脸上既没有羞愧,也没有绝望的神色。

"你的主人要跟你说话。"他对她说,一直观察着她的表情。

"我的主人？"她傲然地说,"那个家伙不是我的主人,永远也不是！……热尔曼,您才是我的主人。我要请您带我到您家里去……我愿意给您做事,不要工钱！"

农场主走上前来,假装有点儿不耐烦。

"喂！姑娘,"他说,"您忘了几件东西在我们那儿,我给您带来了。"

"没有的事,先生,"小玛丽回答,"我没有忘记什么,也不向您要什么东西……"

"您过来听我说几句话,"农场主又说,"我有点事要跟您说！……来呀！……别害怕……只说两句话……"

"您可以大声说出来……我同您没有什么秘密。"

"至少过来拿走您的钱嘛。"

"我的钱？您什么也不欠我,谢天谢地！"

"我早料想到是这样,"热尔曼小声说,"但是不要紧,玛丽……去听听他对你说什么……因为我也很想知道。然后你再告诉我。我自有道理。你到他马跟前去……我一直看着你。"

玛丽朝农场主走近三步,他伏在鞍头上,低声对她说：

"姑娘！这是给你的一个漂亮的金路易,你什么也别说,明白吗?

我只说我觉得你身体太弱,胜任不了我的农场的活计……这事不用再提了……最近几天里,我会再到你们那儿去,如果你什么都没有说出来,我会再给你一点东西……如果你通情达理的话,只要对我说一声就行了,我会把你带到我家去,或者在黄昏时,我同你到牧场去谈谈心。你要我带给你什么礼物呢?"

"喏,先生,这就是我给您的礼物!"小玛丽高声回答,把他的金路易扔在他脸上,扔得还很重,"我非常感谢您,您路过我们村里时,请通知我一声,我们村里的男孩子,全都会来接待您,因为我们村里的人,都非常喜欢那些调戏可怜的姑娘的绅士!您会看到的,他们会等着您的。"

"您是个爱撒谎、爱说蠢话的丫头!"农场主气咻咻地说,恶狠狠地举起他的棍子,"您想让人相信连个影儿都没有的事,可是您骗不到我的钱,您这种人大家都有底!"

玛丽吓得往后退去;热尔曼冲到农场主的马辔头旁边,抓住它用力地摇晃着说:

"现在全明白啦!咱们弄清楚这究竟是怎么一回事了……下来!我的老兄!下来!咱俩来谈谈!"

农场主不想和他较量:他用马刺去刺他的马,想脱身逃走,还想用棍子去敲农夫的手,使他松开马辔头;但热尔曼闪开了,抓住他的腿,把他拉下马来,摔在蕨草上。虽然他站了起来,使劲抵抗着,但还是被摔在地下。热尔曼把他压住,对他说:

"你这个没有心肝的家伙!我愿意的话,可以痛打你一顿!但我不喜欢叫人受罪,不过,没有什么惩罚能使你改恶从善……你要是不向这姑娘跪下求饶,就别想离开这儿。"

农场主对这类事有过经验,想打个哈哈把这件事应付过去。他说他的罪过没有这样严重,因为只不过嘴上说说罢了,他很愿意认罪,只要答应他抱吻一下姑娘,大家一起到附近的酒店喝一品特酒,然后彼此和和气气地分手。

"你真可恨!"热尔曼回答,并把他的脸摁到地上,"我真不要看你这副丑恶的嘴脸。得,你也该脸红了,你路过我们村里时,请走'耻辱'①道吧。"

他捡起农场主那根枸骨叶冬青木棒,在腿上一折为二,给他看看自己的腕力,轻蔑地把断棍扔得远远的。

然后,他一只手牵着他的儿子,另一只手牵着小玛丽,气得浑身发抖地离开了。

---

① 指村口处离开大道,绕着村子外围的小路。凡是害怕受到应得侮辱的人都走这条小路,避免被人看见。——原注

十五　返回农场

一刻钟以后,他们已经越过那片荒野,奔驰在大道上,小青每见到一样它认得的东西就发出嘶鸣。小皮埃尔把他所能了解的事情经过讲给他父亲听。

"我们到了以后,"他说,"就马上到羊圈去看那些漂亮的绵羊,那个家伙来找我的玛丽说话。我呢,我爬上羊槽去玩了,那个家伙没看见我。他对我的玛丽问过好后,就去吻她。"

"你让他吻了吗,玛丽?"热尔曼气得发抖地说。

"我以为这是一种礼节,一种对新来的人的地方风俗,就像你们村里一样,老祖母要抱吻来干活的姑娘们,向她们表示她收下她们,像母亲一样对待她们。"

"后来,"小皮埃尔接着说,他对叙述一件惊险遭遇感到骄傲,"这个家伙对你说了一些难听的话,你叫我再也别重复,也别记住,所以我很快就忘了。可是,我爸爸要我说出来的话……"

"别说,我的皮埃尔,我不想听,我要你再也别记住。"

"既然这样,我再把它忘掉吧,"孩子说,"后来那个家伙看样子冒火了,因为玛丽告诉他,她要走了。他对玛丽说,她要什么他都给,给一百法郎!我的玛丽也恼火了。他走过去要动手,好像要打她的样子。我害怕起来,扑在玛丽身上,大声叫喊。这个家伙就说:'怎么回事?这孩子是打哪儿来的?给我撵出去。'他举起棍子要打我,我的玛丽止住了他,对他说:'我们回头再谈,先生;眼下我得把这孩子送到富尔什去,然后我再回来。'他一走出羊圈,我的玛丽就对我说:'我的皮埃尔,我们逃走吧,快离开这儿,因为这个家伙不怀好意,要对我们下毒手。'我们从谷仓后面绕过去,穿过一个小牧场,到富尔什去找过你。你不在,那里的人不让我们等你。这个家伙骑着他的黑马追赶我们来了,我们就逃得更远,后来躲到树林里。他也赶来了,我们听到他赶来的声音,就躲了起来。他一过去,我们又向前跑,要跑回家去;最后你来了,找到了我们;全部经过就是这样。对不对,玛丽,我没漏掉什么吧?"

"没有,我的皮埃尔,这全是真的。眼下,热尔曼,您要给我证明,对我村里的人说,我不能待在那边,不是我缺乏毅力,不肯干活。"

"而你,玛丽,"热尔曼说,"我要请你想想,保护一个女人,惩罚一个无赖,二十八岁的男人不算太老吧!巴斯蒂安,或者另一个漂亮的小伙子,优越的地方仅仅在于比我小十岁,但是我想知道,他会不会被小皮埃尔所说的那个家伙打败,你是怎样想的呢?"

"我以为,热尔曼,您帮了我一个大忙,我一辈子都要感谢您。"

"就这样吗?"

"我的小爸爸,"孩子说,"我答应你的话,我忘记对小玛丽说了。我没有时间,但到了家里以后我要对她说的,还要对外婆说。"

孩子这样应承终于使热尔曼思索起来。现在的问题是要对岳父母解释,他对寡妇盖兰的不满,但不便说是别的思想使他在这件事上表现得那样明智和严厉。一个人感到幸福和自豪的时候,似乎很容易使别人接受他的快乐;可是一方面十分扫兴,另一方面又受到责备,这可不是一种愉快的处境。

幸亏他们回到农场时,小皮埃尔已经睡着了,热尔曼没有弄醒他,把他抱到床上。然后他竭尽所能,进行解释。莫里斯老爹坐在门口的三脚凳上,严肃地听他说话。尽管他并不满意此行的结果,但热尔曼讲到寡妇那套风流的举动,问岳父他有没有时间一年五十二个星期日都去求爱,到年终还有被回绝的危险,这时他的岳父点着头赞同地回答:

"你没有错,热尔曼,这是不可能办到的。"

接着热尔曼叙述他怎样不得不尽快带走小玛丽,使她免受一个下流主人的侮辱,甚至是强暴行为,莫里斯老爹又点头赞同说:

"你没有错,热尔曼,这是应当的。"

热尔曼讲完全部经过,举出所有理由后,他的岳父母同时心情沉重地、无可奈何地叹一口气,面面相觑。随后岳父站起来说:

"好吧!听凭上帝安排吧!感情是不能勉强的啊!"

"来吃晚饭吧,热尔曼,"岳母说,"事情没有安排妥帖,真是不顺心;但照情形看来,是上帝不肯成全这件事,只好另想办法。"

"对,"老头子说,"像我女人说的,另想办法吧。"

家里没有别的异议。翌日天明,小皮埃尔同云雀一道起身,前两天的不平凡事件对他的影响已经消失,又恢复了他那种年纪的农村小孩无所用心的状态,把萦绕在他脑子里的事都忘光了,他只想到同他的弟弟们玩耍,在牛和马面前扮作"大人"。

热尔曼也想忘掉这件事,重新埋头干活;但他变得闷闷不乐,心不在焉,人人都注意到了。他没有跟小玛丽说话,甚至不看她一眼;但要是有人问他,她在哪个牧场,打哪条路走的,不论什么时间,他要回答的话,他都不会说不出来的。他不敢要求他的岳父母在冬季把她收留在农场里,但他知道她得忍饥挨饿。现在她并没有受穷受苦,吉叶特大娘怎么也弄不明白,她储存的那点木柴从不会减少,她的谷仓头天差不多搬空了,早晨又装得满满的,甚至还有麦子和马铃薯。原来有人从谷仓的天窗爬进来,把一口袋东西倒在地板上,不惊醒任何人,也不留下痕迹。老女人又不安,又喜欢;她让女儿不要声张,说是一旦有人知道她家出现的奇迹,就会把她当作女巫。她相信这是魔鬼在作怪,但她不急于叫来本堂神甫,在她家里念驱魔咒,同魔鬼闹翻。她心里想,等撒旦来向她索取灵魂,作为她的善举的酬答时,她再去叫也不迟。

小玛丽却是一清二楚,但她不敢跟热尔曼提起,生怕看到他又回到提婚的念头上去,她遇到他时装作什么也没发觉。

十六　莫里斯大娘

有一天,莫里斯大娘看到只有自己同热尔曼在果园里,便亲切地对他说:"我可怜的女婿,我想你不太舒服。你不像平常那样吃东西,也不露出笑容,说话越来越少,是不是我们家哪一个,或者是我们大家不知不觉地伤了你的感情?"

"不是,妈妈,"热尔曼说,"您一向待我像亲生母亲一样好,我要抱怨您,或者您的丈夫,或者家里任何人的话,那我就是忘恩负义的人了。"

"这样的话,我的孩子,那是你又在为你女人的去世伤心啦。你的忧伤没有随时间的逝去而消失,反而越来越厉害。你一定得按你岳父给你出的好主意去做:你得再结婚。"

"是的,妈妈,这也是我的想法;可是你们劝我去追求的女人都不合我的意。我看到她们的时候,不但没忘掉我的卡特琳,反而更加想念她。"

"看起来,热尔曼,是我们没有摸准你的喜好。那你一定得帮帮我们,对我们说出心里话。不用说,在某个地方有个女人。是为你天造地设的,因为善良的上帝绝不会造出一个人来,而不在另一个人身上保存他的幸福。如果你知道到哪儿去娶你需要的女人,你就娶了她吧;不管她是美是丑,是年轻是年老,是有钱是贫穷,我的老伴和我,我们决定都答应你;因为我们看到你闷闷不乐都看够了,你不改变的话,我们不会过得安生。"

"妈妈,您像善良的上帝一样好,爸爸也一样,"热尔曼回答,"但你们的怜悯不能医治我的烦恼,我所爱的姑娘不愿嫁给我。"

"是不是她太年轻?爱一个年轻姑娘在你是不理智的。"

"是呀!好妈妈,我是有爱上一个姑娘的疯念头,我也责备自己来着。我竭力不去想她,但我不管是干活还是休息,不管是望弥撒还是在床上,不管是同我的孩子们还是同你们在一起,我总是想到她,不能想到别的东西。"

"那末这就像是命运落到你头上了,热尔曼?这只有一种药,就是让这个姑娘改变主意,听你的安排。因此,我得插一手,看看有没有可能。你告诉我她住在哪儿,叫什么名字。"

"唉!亲爱的妈妈,我不敢说,"热尔曼说,"你会笑话我的。"

"我不会笑话你,热尔曼,因为你在受罪,我不想再加重你的痛苦。她是不是芳舍特?"

"不是,妈妈,根本不是。"

"那末是罗赛特?"

"不是。"

"你说出来吧,要让我说出这儿所有姑娘的名字来,我真数不过来呢。"

热尔曼耷拉着头,拿不定主意是否要回答。

"好吧!"莫里斯大娘说,"今儿个我不问你了,热尔曼,兴许明儿你更信得过我,或者你的内弟媳会问出你的话来。"

她捡起篮子,准备去把衣服晾在灌木丛上。

热尔曼像孩子们一样,等他们看到别人不再理会他们,反而打定了主意。他跟在岳母后面,抖抖索索地终于对她说出"吉叶特的小玛丽"。

莫里斯大娘大吃一惊:这是她最不会想到的一个。但她很谨慎,没有叫出声来,只在心里琢磨着。随后,看到她的不出声使热尔曼很难堪,她把篮子递给他说:

"这就有理由不帮我干点活吗?替我拿着这篮东西,一边走一边跟我聊聊。你仔细考虑过了吗,热尔曼?主意打定了吗?"

"唉,亲爱的妈妈,话不该这么说,如果我能成功的话,我早就打定主意了;可是因为人家不答应我,我只好死了心,如果能死心的话。"

"如果不能死心呢?"

"什么事都有个了结的时候,莫里斯大娘。马儿负载太重,便会倒下;牛不吃东西,就会饿死。"

"这就是说,如果你不成功的话,就会死去吗?但愿不要这样才好,热尔曼!我不喜欢像你这样的人说这样的话,因为你这样的人怎么说就怎么想。你是那种胆足气壮的人,软弱对于壮汉是危险的。得啦,你是有希望的。我想,一个生活贫困的姑娘,你追求她给了她那么大的面子,她是不会拒绝你的。"

"但事实上她拒绝了我。"

"她对你说了什么理由呢?"

"她说你们一向照顾她,她家欠你们很大的情分,她根本不想让我放弃一门有钱人家的婚事,叫你们懊丧。"

"如果她那样说的话,证明她心地善良,她是厚道的。但是,热尔曼,她这样对你说了,还不能把你的心病治好吗?因为她准定对你说过,她爱你,如果我们同意的话,她就嫁给你。"

"最糟糕的是,她说她的心不在我身上。"

"如果她说的不是心里话,目的是让你离开她,那末,这个孩子是值得我们所爱的;我们可以因为她非常明白事理,不去计较她的年轻。"

"是吗?"热尔曼说,他被从未有过的希望激动着,"这在她是很懂事、很得体的!如果她这样有理智的话,我担心正因为这一点我才不讨她喜欢。"

"热尔曼,"莫里斯大娘说,"你要答应我整个星期里要保持平静,不要苦恼,像从前一样吃饭睡觉,高高兴兴。我呢,我对我的老伴去说,让他同意,那末你就会知道这姑娘对你的真实感情。"

热尔曼一口答应,一星期过去,莫里斯老爹没有对他特别提起什么事情,好像一无所知的样子。农夫竭力显得平静,但他变得更苍白、更忧心忡忡了。

十七　小玛丽

末了,星期日早上,在做完弥撒出来的时候,他的岳母问他,打从那次在果园时谈话以后,他从他的心爱的人那里得到什么结果没有。

"什么也没有,"他回答,"我没有对她谈过。"

"你不跟她谈话,怎么能说服她呢?"

"我只跟她谈过一次话,"热尔曼回答,"就是我们一起去富尔什的时候;以后我就没跟她说过一句话。她的拒绝使我万分痛苦,我宁愿不要听她对我再说一次,她不爱我。"

"呃,我的孩子,现在该和她谈一谈;你的岳父答应让你这样做。得啦,打定主意吧!我对你说了,有必要的话,我就吩咐你去做,因为你不能老是这样犹豫不决的。"

热尔曼服从了。他垂头丧气地来到吉叶特大娘家。小玛丽独自坐在炉火旁,沉思默想着,竟没有听到热尔曼进来。她一看见他站在面前,便惊讶地从椅子上跳起来,脸涨得绯红。

"小玛丽,"他坐在她身旁说,"我知道,我要来给你添麻烦、添苦恼；可是，我们家那位男人和女人(按习俗指的是两位家长)要我来对你说，要求你嫁给我。你不会愿意的，我早料到了。"

"热尔曼，"小玛丽回答，"您肯定爱我吗？"

"这叫你不高兴，我知道，但这不是我的错儿；你能改变主意的话，我就太高兴了，不用说，我不配你爱。啊，瞧着我，玛丽，我难道很可怕吗？"

"不，热尔曼，"她微笑着回答，"您比我更漂亮。"

"别嘲笑我；你包涵一点看看我吧；我还没缺一颗牙齿、一根头发。我的眼睛在对你说，我爱你。瞧着我的眼睛吧，那上面写着字，每个姑娘都会读懂这种文字。"

玛丽带着快活自信的态度瞧着热尔曼的眼睛；蓦地，她扭过头去，浑身颤抖起来。

"啊！我的上帝！我叫你害怕，"热尔曼说，"你看着我，好像我是奥尔莫的农场主一样。别怕我，求求你，那太伤我的心了。我不会对你说不正经的话；我不会硬逼着吻你，你要叫我走，只要向我指一指门就行。啊，一定要我出去，你才不发抖吗？"

玛丽向农夫伸出手去，但她俯向炉火的头没有扭过来，而是一言不发。

"我明白了，"热尔曼说，"你可怜我，因为你心地善良；你使我不幸的心里觉得难过，难道你就不能爱我吗？"

"您干吗要对我说这些，热尔曼！"小玛丽终于回答，"您难道要把我逼哭吗？"

"可怜的姑娘,你有好心眼儿,我知道;但你不爱我,你的脸老躲着我,你怕让我看到你的不快和厌恶。而我呢,我连你的手都不敢握一握!在树林里,我的儿子和你都睡着的时候,我差一点要轻轻地吻你一吻。但如果要我提出要求,吻你一吻,那真要羞死我了;那一夜我所受的痛苦,就像一个人受微火烤炙一样。打那以后,我每夜都梦见你。啊!我热烈地吻着你,玛丽!而你呢,这时候安睡着,不做梦。眼下你知道我在想什么吗?我想的是,假使你回过身,用我看你的眼光来看我,假使你的脸挨近我的脸,我相信我真的要快乐死了。而你呢,你在想,假如你这样做的话,你会气死和羞死!"

热尔曼好像在梦里说话一样,并没听到自己说些什么。小玛丽一直在发抖;而他抖得更厉害,所以反而不觉得她在发抖。她骤然转过身来,满脸是泪,用责备的神情望着他。可怜的农夫以为最后的打击到了,便不等她判决,站起身来要走;可是姑娘把他抱住,拦着他,把头埋在他的怀里呜咽地对他说:

"啊!热尔曼,难道您没琢磨出,我爱着您吗?"

热尔曼真会发狂了,如果他的儿子这时不来找他,使他醒悟过来的话;这孩子跨着一根木棍,他妹妹也跨在后面,用一根柳条赶着这匹假想的马,飞快地跑进了茅屋。他把儿子抱起来,放在他未婚妻的怀中,对她说:

"瞧,你爱了我。幸福的人,不止我一个呀!"

附 录

一 乡间婚礼

热尔曼的婚姻故事到这儿告一段落,就像这个精明的农夫亲自讲给我听的那样。亲爱的读者,请你原谅我没能表达得更好;因为需要用我所咏唱的(像以前的说法)乡下农民古朴的语言才能真正表达出来。对我们来说,农民们所说的法语太纯粹了,从拉伯雷和蒙泰涅①以来,语言的发展使我们失去许多古老的丰富的词汇。一切发展都是这样,我们对此必须容忍。但能听到法国中部古老的土地上流行的美妙的土语,仍不失为一种乐趣;尤其因为它真实地表现了使用的人们妙语横生的冷峻性格。都尔一带保存了一些宝贵的古朴的成语,但这一带从文艺复兴时期开始,已经大踏步进入了文明。那里到处是宫堡、大道、外国人和熙攘的活动。贝里一带却停滞不前,我相信,除了布列塔尼和法国最南部的几个省以外,这是目下最保守的地方了。有的风

---

① 拉伯雷(约1483—1553),法国文艺复兴时期的代表作家,著有《巨人传》;蒙泰涅(1533—1592),法国著名散文家,著有《随笔集》。

俗奇特有趣,亲爱的读者,我希望还能让你感到一会儿的愉快,如果你允许我详细给你叙述一次乡下婚礼,比如说热尔曼的婚礼,几年前,我兴趣盎然地参加了。

唉! 一切都在逝去。仅仅在我生下来以后,我的故乡在思想和习俗方面的变动,就超过了大革命前几个世纪的变迁。我在童年时代还看见过的盛行的塞尔特人、异教或中世纪的仪式,有一半已经消失了。也许再过一两年,铁路干线会铺到我们的深谷,以迅雷一般的速度,卷走我们古代的传统和美妙的传说。

那是在冬季,在狂欢节左右,正是一年之中我们那里最适于举行婚礼的时节。在夏天,人们没有空闲,农场的活计不能受到三天的耽搁,还不说节庆给精神和肉体留下的沉醉多少需要费力的解除,这就要多加几天工夫。——我正坐在一个古式炉灶的宽大的遮檐下面,这时,手枪声,犬吠声,风笛尖厉的声音,向我预告未婚夫妇要到了。一会儿,莫里斯老爹夫妇,热尔曼和小玛丽,后面跟着雅克和他的女人,还有男女双方主要的亲属和教父教母,都拥进了院子。

小玛丽还没有收到新婚的礼物,当地叫做"彩礼",她穿着她朴素的衣服中最好的几件:一件深色的粗布连衣裙,一条花枝图案、色彩鲜艳的白披巾,一条桃红色的围裙——一种当时非常流行、现在无人光顾的红印花布,一顶雪白的细布帽子,那种式样好不容易保存下来,令人想起安娜·博琳和阿涅丝·索雷尔[①]的帽子。她脸色鲜艳,微露笑

---

① 安娜·博琳(1507—1536),英王亨利三世的妻子;阿涅丝·索雷尔,法王查理七世的情妇。

容,毫不骄矜,尽管有理由这样。热尔曼在她旁边庄重温柔,就像年轻的雅各在拉班的井边迎接拉结①一样。换了别的姑娘,就会摆出了不起的神气和得意洋洋的姿态;因为不论在哪一阶层,凭着自己漂亮的眼睛而出嫁,总是值得自傲的。姑娘的眼睛是水汪汪的,闪耀着爱情的光辉;很明显她是一往情深,没有闲工夫顾到别人的意见。她可爱的坚定的表情还留在脸上;她浑身表现出坦率和诚恳;她获得成功,却丝毫不流露出傲慢,她意识到自己的力量,却丝毫不突出自己。我从来没看到过这样可爱的未婚妻,她年轻的女友问她是否幸福时,她毫不含糊地回答:

"当然啦!我不会抱怨仁慈的上帝。"

莫里斯老爹致辞,他说了些照例的客套话和欢迎来宾的话。他先把一根缀着缎带的桂枝系在炉顶上,俗称"通知书",就是说喜帖;然后他发给来宾每人一个小十字架,由红蓝两色丝带互缠着,红代表新娘,蓝代表新郎;男女来宾新婚那天要一直保留这个标记,女的插在帽子上,男的插在纽孔上。这是准许证和入场券。

于是莫里斯老爹再致贺词,他邀请各个家长和他全家人,就是说他所有的孩子、亲属、朋友和仆人,参加祝福仪式、宴会、余兴、舞会和以后的一切节目。他没有忘了说:"你们荣幸地受到邀请。"这句话是非常正确的,虽然我们觉得意思说反了,因为它表达了给值得邀请的人以荣幸的意思。

---

① 《圣经·创世纪》第二十九章所载故事,拉斐尔曾以此为画。

虽然邀请很大方,在全教区每一家都请到了,但乡下人对于礼节是非常慎重的,只允许每家去两个人,一个是家长,一个是孩子。

邀请仪式结束以后,未婚夫妇和亲属一起到农场吃中饭。

以后,小玛丽在公地看守她的三头绵羊,热尔曼到地里干活,仿佛什么事也没有发生过一样。

婚礼的前一天,下午两点钟左右,乐队来了,吹风笛的,演奏手摇弦琴的,他们的乐器装饰着长飘带,奏出应时的进行曲,对于不是本地人的脚步,节奏是慢了一点,但用在肥沃的土地和崎岖不平的道路上是非常相称的。年轻人和孩子们发出的枪声,宣告婚礼就要开始。聚集的人越来越多,在屋前的草地上跳舞,造成欢乐的气氛。夜幕降临时,人们开始做奇怪的准备工作,大家分成两组,到天色完全黑下来,便举行送"彩礼"仪式。

这是在新娘家里,吉叶特大娘的茅屋里举行的。吉叶特大娘和她的女儿一起,还约了十二个年轻俊俏的牧羊女——她女儿的亲戚朋友,两三个受人尊敬的主妇——能说会道、对答如流的邻居,严格遵守古代习俗。然后又从亲友中选出十二个壮健的男人,最后还有本教区年老的打麻人,他能说会道,口若悬河。

在布列塔尼,乡村裁缝所扮演的角色,在我们乡里则由打麻人或梳羊毛的人所担当(这两种职业常常集于一身)。他参加所有婚丧仪式,因为他基本上是博学的,又擅长辞令,在这种场合,他总是有心做代言人,出色地完成自古以来沿用的某些仪式。他东奔西跑的职业,使他出入于别人家中,不能待在自己家里,自然而然使他变得饶舌、风趣、能说、会唱。

打麻人尤其是怀疑论者。他和乡下的另一个角色,那就是我们马上谈到的掘墓人,他们常常是乡下胆大的人。他们经常说到幽灵,非常清楚这些恶鬼的伎俩,一点也不怕它们。特别是在夜里,掘墓人、打麻人和幽灵都施展他们的本领。打麻人正是在黑夜讲述悲惨的传说。让我离题说几句……

当大麻恰到火候,也就是说在流水里泡够,在岸上晾个半干时,人们就把麻运到院子里,一小束一小束竖起来,底部散开,上面束成圆形,在晚上,这有点儿像一长溜白色的小幽灵,支着它们纤细的腿,沿着墙根无声无息地走着。

到了九月末梢,那时夜晚还很暖和,在淡淡的月色下,人们开始打麻。白天,麻已在炉里烤过;到了晚上,把麻抽出来,趁热打麻。打麻人使用一种木架,上面安上一根木棒,木棒落在下面的槽里,捶打着麻秆,而不会切断它。夜里在乡下听到的,就是这种连续快打三下的脆响。然后又恢复寂静;这时是用手抽出那一小束麻,换另一头来打。于是又响起三下捶打声;这是另一只手操纵着木棒。这样继续下去,直到月亮被曙光照得朦朦胧胧时为止。由于这种活儿一年里只干几天,所以狗不习惯响声,朝四面八方发出凄厉的吠叫声。

这是乡下充满奇特和神秘响声的时节。大雁飞过这个地区,白天,肉眼几乎辨别不清它们,夜里也只能听到它们的叫声;这些嘶哑、凄怆的鸣声消失在云层里,仿佛是受苦的灵魂在呼叫、在诀别,竭力寻找着上天的道路,而不可抗拒的命运逼使它们贴近地面翱翔,围着人们的住宅回旋。这些候鸟在天空飞行中有些奇怪的游移不定和神秘的焦虑不安。有时,捉摸不定的微风在高空搏击和此起彼伏,这些鸟便弄不清风向。白天迷失方向时,可以看到领头的雁在空中乱飞,来一个一百八十度的大转弯,飞到三角队形的末尾,它的伙伴也巧妙地一翻身,在它背后重新排好队形。经过几次三番白白的努力,那只精疲力竭的领队雁便往往放弃了领队,另外一只出来尝试,又让位给第三只,第三只终于找到风向,胜利地带着队伍前进。但是,在这些有翅膀的旅行者中间,用一种没人领会的语言,交换着多少叫唤、责备、告诫、粗野的咒骂和不安的询问呵!

在这天籁阵阵的夜晚里,可以听到这些凄怆的喧嚣声,有时长久地在房屋上方回荡;由于什么也看不到,便会不由自主地感到一种恐怖和怜悯不安,直到这如诉如泣的黑压压的鸟群消失在无垠的天际。

每年这个时节所特有的还有别的声音,主要是在果园发出的。采摘水果还没有开始,千万种不寻常的爆裂声使果树变得像动物一样。一条树枝在它的负荷骤然达到增长的极限时,弯曲下坠,轧轧有声;或者是一只苹果脱离了枝头,带着沉浊的响声落在你脚边的湿地上。这时你会听到一只你看不见的动物擦过树枝和草丛,溜走了:这是农民的狗,这闲荡的家伙既好奇又不安,既咄咄逼人又胆小怯懦,到处溜达,从不睡觉,总在寻找什么东西,它躲在荆棘丛里窥测着你,一听到苹果落地的响声,拔腿便逃,以为你朝它扔石了。

就是在这些朦朦胧胧的、灰褐色的夜晚,打麻人叙述他那些稀奇古怪的故事,关于小鬼和白野兔啦,受难的灵魂和变成狼的巫师啦,在十字街头的巫魔夜会和墓园里会预言的猫头鹰啦。我记得有一晚的上半夜我在开动的打麻机旁度过,打麻机阴森森的捶打声在打麻人说到最恐怖的地方,打断了他的叙述,我们的脉管不禁打了个冷颤。那老人常常一面打麻,一面继续讲故事;有四五个字没听见,不用说是可怕的字,我们不敢叫他重复一遍,漏听使得他本来已经阴森神秘的故事更增加了恐怖神奇的气氛。女仆白白地通知我们,夜已经很深了,不便再待在外边,就寝时间早已敲过:她们其实也想听得很;然后我们疑神疑鬼地穿过村子,回到家里!教堂的门廊在我们看来是多么深邃,老树的阴影是多么浓厚、漆黑呀!至于墓地,我们看都不敢看;打它旁边经过时,我们紧闭起双眼。

　　但是打麻人不比圣器室管理人那样,专门以吓人为乐;他爱逗人笑乐,他是诙谐大家,当需要咏唱爱情和婚姻时,他又是多情善感的;是他搜集和在记忆里保存下来最古老的歌曲,并传给后世。所以,在婚礼中,由他来担当下面这个给小玛丽送彩礼的角色。

二 送彩礼

待到所有的人都聚集在屋里时，家里人就把门窗关得严严实实，甚至把阁楼的天窗也堵上，所有出口都用木板、搁凳、树根和桌子挡住，仿佛准备守城似的；在这设防的屋里，有一种相当庄严的等待的寂静，终于听见了远处的歌声、笑声和乡村乐器声。这是求婚者的队伍，热尔曼领头，他的最勇敢的伙伴，掘墓人，亲属，朋友和仆人簇拥着，组成一支欢乐的强有力的队伍。

随着他们走近新娘的家，便越走越慢，大家商量了一会儿，就静默下来。关在屋子里的姑娘们，分别站在有缝隙的窗后，她们透过缝隙看到那队人马来到了，散布成战斗的队列。这时天下着寒冷的细雨，更增加了这个场面的刺激性，屋子的灶内熊熊的火焰光辉四射。玛丽很想缩短这种例行的围攻战不可避免的缓慢过程；她不愿看到她的未婚夫这样挨冻受冷，但她在这种情况下召开的会议中没有发言权，甚至她还得公开参与她的女伴们的恶作剧。

两个阵营摆好阵势以后，外边的火器发出一阵排枪，使附近的狗都大声吠叫起来。新娘家的几条狗吠着向门口扑去,以为真有人攻打了,母亲们竭力安慰小孩,可是没有用,他们开始哭起来,吓得发抖。这整个场面演得那么逼真,一个外乡人遇上了,会以为是在抵抗一群土匪的进攻呢。

这时,代表未婚夫的演说家和行吟诗人的掘墓人站到门前,而打麻人也站在同一扇门上方的天窗下,两人开始下面的对话:

掘墓人 唉!善良的人们,我亲爱的教民啊,看在上帝的分上,给我开开门吧。

打麻人 你是谁?你怎么这样放肆,管我们叫你亲爱的教民?我们不认识你。

掘墓人 我们是受苦难的老实人。不用害怕我们,我的朋友们!款待我们吧。天下着雪珠我们可怜的脚都冻僵了,我们打老远的地方来,我们的木鞋都走裂了。

打麻人 你们的木鞋走裂的话,你们可以在地上找一找;你们会找到柳条,做成弓形钉(弧形的小铁钩,钉在裂开的木鞋上,固定住木头)。

掘墓人 柳条弓形钉一点儿不牢。你们别嘲笑我们了,善良的人们,你们最好给我们开开门。我们看到你们的屋子里生起了多好的火呀;你们准定架起了叉子,在你们家里会心情愉快,肚子也痛快。给可怜的朝圣者开开门吧,如果你们不对他们发发慈悲的话,他们就会饿死在你们门口。

打麻人 哈哈！你们是朝圣者吗？刚才你们没有对我们说过。请问,你们从什么圣地朝拜回来的？

掘墓人 等你们给我们打开门,我们再告诉你们,因为我们是从遥远的地方来的,说来你们也不信。

打麻人 给你们开门？想得倒美！我们不能信任你们。喂,你们是从普利尼的圣西尔万来的吗？

掘墓人 我们到过普利尼的圣西尔万,但我们到过还要远的地方。

打麻人 那末你们到过圣索朗日罗？

掘墓人 我们当然到过圣索朗日,但我们到过更远的地方。

打麻人 你们撒谎,你们从来没有到过圣索朗日。

掘墓人 我们到过更远的地方,这会儿我们是从孔波斯泰尔①的圣雅克来的。

打麻人 你们对我们胡扯些什么呀？我们不认识这个教区。我们看出你们是坏人、强盗、穷光蛋、骗子手。滚远一点去胡吹瞎扯吧；我们防守严密,你们别想进来。

掘墓人 唉！伙计,行行好吧！我们不是朝圣的人,给你们猜对了；但我们是不幸的偷猎的人,正被看守人追赶着。警察就紧追在我们后面,如果你们不让我们躲在干草房里,我们就会马上被抓住,押进监狱。

打麻人 有谁能给我们证明,这回你们是像你们所说的那种人

---

① 注文：孔波斯泰尔,西班牙城市,是个著名的朝圣地。

呢？因为已经有一个谎话,你们不能自圆其说了。

掘墓人 你们肯给我们开门的话,我们会给你们看看我们打死的一只好大的猎物。

打麻人 马上拿出来,我们不相信。

掘墓人 那末,请打开一扇门或者一扇窗,我们把猎物塞进去给你们看。

打麻人 噢！不行！没有这么蠢！我从一个小孔里瞧着你们！在你们中间我既看不到猎人,也看不到猎物。

这当儿,有一个放牛的小伙子,身材矮壮,有大力士一样的力气,他从人丛中走出来,刚才没人注意到他,他举着一把扎上草束和缎带的大铁叉,叉着一只拔了毛的鹅,举到天窗旁边。

"真是不错呀！"打麻人小心地伸出一条手臂去摸那要烤的鹅,嚷着说,"这既不是鹌鹑,也不是山鹑,既不是野兔,也不是家兔；这有点儿像一只鹅或者一只火鸡。你们真是出色的猎人！这只猎物根本不用你们去奔跑。滚远一点吧,你们这些家伙！你们的谎话都被识破了,你们可以回去烧你们的晚饭啦。你们吃不到我们的。"

掘墓人 唉！我的天呀！我们到哪儿去烧我们的猎物呢？给我们这么多人吃,这实在太少了；再说,我们既没有火,也没有地方。这会儿家家门关户闭,人人都睡觉了；只有你们家在办喜事,你们让我们在外边冻僵了,心肠实在太硬。善良的人们,我们再求一次,请开开门吧；我们不会让你们破费的。你们看,我们带着要烤的野味；只占你们炉膛的一点儿地方,一会儿就能烤熟,我们便会满意而去。"

打麻人　你们以为我们家地方太多,木柴也不费钱吗?

掘墓人　我们带了一小捆干草,用来烧火,这点就够了,只要让我们把铁叉伸进炉膛就行啦。

打麻人　压根儿不行,你们让我们讨厌,一点儿得不到我们同情。我看你们吃醉了,什么也不需要,你们想进我们家抢走我们的火和姑娘们。

掘墓人　既然你们根本听不进好言相劝,那就怪不得我们用武力闯进去了。

打麻人　愿意的话,就试试看吧。我们关得严严实实,用不着害怕你们。既然你们蛮不讲理,我们就不再理会你们了。

说完,打麻人砰的一声关上天窗,从梯子下到房间里来。他牵着新娘,同青年男女一起,欢乐地又跳又嚷走来,而那些已婚妇女尖声唱歌,发出哈哈大笑,对外边企图进攻的人表示蔑视和挑战。

那些围攻的人也发起狂来,他们朝门放枪,惹得狗在狂吠,还猛敲墙壁,摇晃护窗板,发出可怕的叫嚷。总之,这阵喧闹震天价响,使人互相听不清楚,一片灰尘烟雾,使人互相看不清脸。

但这场进攻是假装的:打破礼节的时刻还没有到来。如果有人在四处巡看时终于发现一条没有设防的通道或者一个缺口,就可以突然闯进屋去,这时,拿铁叉的人把要烤的东西放到火上,那么炉灶就算被占领了,这幕喜剧便告结束,新郎算是胜利了。

但是,房子的进出口并不多,不至于会忽略应有的小心,在决定搏斗的时刻未到来以前,谁也不得擅自窃取动用武力的权利。

待到跳得累了,叫得累了,打麻人才想到让对方投降。他重新爬上天窗,小心地打开窗户,对着那些灰心丧气的围攻者哈哈大笑。

"喂,孩子们,"他说,"你们真够惭愧的! 你们以为闯进来太容易不过了,现在你们看到我们防卫得很好了吧。我们开始可怜你们,只要你们愿意屈服,接受我们的条件。"

掘墓人 说吧,正直的人们;告诉我们该怎么做,才能接近你们的炉灶。

打麻人 你们得唱歌,我的朋友们,但要唱一支我们没听过的歌,而且我们拿不出一支更好的歌来回答。

"那并不难!"掘墓人回答,他用有力的嗓门唱起来:
"半年前,正是春天。"
"我在嫩草上漫步。"打麻人用略微有点嘶哑、但很可怕的嗓门答唱起来,"可怜的人们,你们给我们唱一支这样老掉牙的歌,不是在开玩笑吗? 你们看,头一句我们便把你们截住了!"
"从前有一个公主……"
"她要想出嫁。"打麻人应和着,"换一支,换另一支! 我们太熟悉这一首。"

掘墓人　你们要听这一首吗？——从南特归来……

打麻人　——我精疲力竭，啊！我精疲力竭。这一首是我祖母时代的歌，再换另一首吧！

掘墓人　——那一天，我在散步……

打麻人　——沿着这迷人的树林！这一首太没意思！我们的娃娃都懒得和你对唱！怎么？你们就知道这一些？

掘墓人　噢！我们要唱得你们对不上来。

像这样唇枪舌剑，要过整整一个钟头。由于两个对手都是当地的唱歌能手，他们的节目似乎没完没了，有可能持续一整夜，尤其因为打麻人耍点花招，让对方唱某些十节、二十节，或三十节的哀歌，他保持沉默，佯装认输。于是新郎方面得意洋洋，大声合唱，以为这回对方对不上来了；可是，唱到最后一节的一半时，他们听到老打麻人像患感冒一般的粗嗓子吼出了最后几句诗；唱完后，他嚷着说：

"孩子们，你们用不着唱一首这么长的！我们对它了如指掌！"

可是也有一两次打麻人做个鬼脸，皱皱眉头，沮丧地转过身来，望着那些专心倾听的已婚妇女，掘墓人唱起非常古老的歌，他的对手记不得了，或者他从来就不会唱；但那些大姊大妈马上用海鸥一样的尖嗓子哼出那得胜的叠句，掘墓人不得不认输，再试另外的曲子。

要等到胜利属于哪一方，实在是太长了。新娘的一方宣布，只要赠送给新娘一件相称的礼物，就不再为难。

于是唱起了彩礼之歌,曲调像教堂的赞美歌一样庄严。

外边的男子用男低音合唱着:

> 把门打开,打开,
> 玛丽,你多么可爱,
> 我有重礼相赠。
> 唉!亲爱的,让我们进来。

屋里的女人用悲伤的假嗓子回答:

> 我爸烦恼妈悲哀,
> 我呀这千金之驱,
> 这时不能把门开。

男人们重新又唱第一节,而第四句改成这样:

> 我有漂亮手帕相赠。

但女人们以新娘的名义,同第一次一样对答。

男人们至少要唱二十遍,历数所有的彩礼,最后一句诗总要提到一件新物品:漂亮的围裙、漂亮的丝带、呢料衣服、花边、金十字架,一直到一百只别针,这样,给新娘的简朴彩礼就算齐全了。但大婶大妈

们却始终予以拒绝;末了,小伙子们终于说出"有一个漂亮的丈夫相赠",于是她们既对着新娘开口,又同男人们一起合唱:

> 把门打开,打开,
> 玛丽,你多么可爱,
> 是漂亮的丈夫来找你,
> 快,亲爱的,让他们进来。

三　婚　礼

　　打麻人立刻抽掉把门从里面关上的木闩：那时候,我们村里大多数人家还只知道用这种锁。新郎的一帮人闯进了新娘的屋子,但不是没有战斗;因为守在屋里的小伙子们,甚至还有老打麻人和大娘大婶们都有责任把守炉灶。拿铁叉的人在自己一边的人支持下,要把烧烤的家禽放到炉膛内。这是一场真正的战斗,尽管大家不许打人,争夺中也毫无怒气。但大家推推搡搡,挤作一团,并且在这种试一试力气的场合中,有那么多自尊心在活动着,以致结果可能是严重的,只不过在欢笑歌唱中显示不出来罢了。可怜的老打麻人像头狮子一样挣扎着,被人群挤得贴在墙上,连气都透不过来。不止一个被推倒的斗士被人乱踩着,不止一只手抓住铁叉,被戳得皮破血流。这类玩意儿是危险的,近来发生的事件相当严重,我们乡里的农民决意废止送彩礼的仪式。我相信在弗朗索瓦丝·梅扬[①]的婚礼中看到的是最后一次,

---

[①] 弗朗索瓦丝·梅扬是乔治·桑的女仆,她于1827年结婚。

而那次争斗就是假装的。

在热尔曼的婚礼上,这种争斗还相当激烈。一方要侵占吉叶特大娘的炉灶,另一方则要保卫它,都认为有关荣誉。大铁叉在互相争夺的强有力的手腕底下,扭得像螺丝一样。有人开了一枪,把屋顶下挂着的柳条筐里一小束扎成玩偶的麻打着了火。这个意外事件转移了注意力,正当一部分人忙着扑灭火,怕酿成火灾时,那个不被人发觉,爬上了阁楼的掘墓人顺着烟囱爬下来,抓住了铁叉,这时,牧牛人正在炉灶旁保卫它,高举过头,不让它被人夺去。攻击开始前,有年纪的妇女刚刚小心地熄灭了火,生怕在炉旁争夺时,有人会跌进去烧伤。风趣的掘墓人得到牧牛人的会意,毫不费力地夺到了铁叉,把它扔到烤肉铁扦架上。大功告成了!再也不允许碰它一碰。他跳到屋子中间,点着了剩下的裹在铁叉上的干草,算作烧烤那只鹅,因为鹅已经撕成碎块,扔得满地都是。

于是满屋子都是欢笑声,争相自吹自擂。每个人都让别人看他受到的殴打,因为往往这是朋友的手打的,也就没有人抱怨和争吵了。那个几乎给挤扁了的打麻人揉着他的腰说,他一点儿也不在乎,但他认为他的伙伴掘墓人的诡计不怎么的,要不是他给挤得半死,炉灶不会这样轻易被夺取的。大嫂们打扫干净地面,秩序恢复如常。桌子上摆满了一壶壶新酒。大家干过杯,歇过气来的时候,新郎被带到屋子当中,他拿着一根小木棒,又要接受新的考验。

在争斗的时候,新娘和她的三个女伴由她的母亲、教母和姨母、姑母藏了起来,让这四个姑娘坐在房间的一个冷角落的长凳上,用一条大白被单蒙起来。这三个女伴选得同玛丽一般的身材,帽子也一样高,被单从头盖到脚,很难分出哪个是谁。

新郎只许用木棒去点出他猜想是自己女人的那一个。大家给他观察的时间,但只能用眼睛去看,已婚妇女站在他旁边,严格监视,不许有任何作弊。如果他点错的话,一晚上他不能同新娘跳舞,而只能同他点错的那位跳舞。

热尔曼面对着像裹在同一条尸布里的几个幽灵,非常害怕点错;事实上,尽管十分小心谨慎,有许多人还是点错了。他的心怦怦乱跳。小玛丽很想用劲呼吸,让被单晃动一下,但她狡猾的同伴也如法炮制,用手指晃动被单,在布罩下有多少姑娘,便也有同样多少秘不可测的暗号。方形的帽子均匀地支撑着这块罩布,很难辨别出皱褶所勾勒的额角的轮廓。

热尔曼犹豫了十分钟,他闭上了眼,把灵魂交托给上帝,随便把木棒一伸。他触到了小玛丽的脑门,她把被单甩得远远的,喊着成功了。于是他得到允许抱吻她,他用强壮的手臂把她抱到房间当中,同她一起揭开舞会,舞会一直延续到早上两点。

然后大伙儿分手,到八点再相会。由于有一部分年轻人是邻村的,床铺不够给所有的人睡觉,所以本村的女宾要邀两三个年轻的女伴睡到她床上去,而小伙子则横七竖八躺在农场谷仓的草堆上。可以想见他们在那儿不怎么睡得着,因为他们一心想打闹、说笑,讲些不可思议的故事。在婚礼中,必要时可以三个通宵不睡,一点儿不觉得懊悔。

在预定出发的时刻之前,大伙儿先吃过放上大量胡椒的奶汤,用来开胃,因为喜酒菜肴丰盛。然后大伙儿在农场的院子里集合,我们的教区取消了,我们得走上半里路,去举行结婚祝福礼。风和日丽,但道路很不好走,每个人都有一匹马,男子背后搭着一个姑娘或老女人。热尔曼骑上小青动身了;小青洗刷干净,新钉过蹄铁,扎着彩带,前蹄踢跄着,鼻孔喷着火似的热气。他同内弟雅克到茅屋里去找新娘;雅克骑在老青马上,后面带着吉叶特大娘。热尔曼得意洋洋地带着他的小爱妻,回到农场的院子里。

随后,欢乐的马队上路了,孩子们步行簇拥着,他们一面奔跑,一面放着枪,吓得马儿蹦跳起来。莫里斯大娘同热尔曼的三个孩子、提琴手坐在大车上。他们在乐声中打头出发。小皮埃尔那么漂亮,年老的外婆得意极了。好动的孩子在她身边待不住,半路上车子稍停一下,要转入一段难走的路,这时他趁机溜掉,跑去求他父亲让他骑上小青,坐在父亲前面。

"那怎么行!"热尔曼回答,"这样会让人家笑话我们,绝对不行。"

"我可不在乎圣沙蒂埃教堂里的人说闲话,"小玛丽说,"带上他吧,热尔曼,求求你,我对他要比对我的结婚礼服更加感到骄傲呢。"

热尔曼让步了,这漂亮的三个一组催着小青得意地奔驰,插到队伍中去。

事实上,圣沙蒂埃教堂里的人虽然很爱嘲乔和取笑附近教区到他们这儿来的人,但看到这样俊美的新郎、这样漂亮的新娘和能令土后羡慕的孩子,便一点儿不想讥笑了。小皮埃尔穿了一套淡蓝色的呢料衣服,一件小巧的红背心,短得在下巴底下没有多少长度。村里的裁缝把背心的腋窝做得这样紧,以致他的两条小手臂都合不拢。他是多么神气呵!他戴一顶圆帽,镶着黑色和金色的绦子,一根孔雀翎毛从一簇火鸡毛中傲然耸起。一团比他的头还要大的花球覆盖着他的肩头,缎带一直飘到脚下。打麻人也是本地的理发匠和假发师,在他的头上盖上一个碟子,剪去外边的头发,理成一个圆盖形,这是保证剪得齐的万无一失的办法。这样打扮,不消说,可怜的孩子就不如长发随风飘荡,披着羊皮,像施洗礼的圣约翰那样富有诗意了;但他决不会想到这点,人人都欣赏他,说他像一个小大人。他的俊俏盖过了一切,确实,孩子无可比拟的美还有什么不能胜过呢?

他的小妹妹索朗日头一遭戴了一顶女帽,代替了小女孩通常戴到两三岁的印花布童帽。多大的帽子呵!比可怜的娃娃的整个身体还要高、还要宽。她显得多么漂亮!她不敢转动一下头,身子直挺挺的,心想人家会把她看作新娘呢。

至于小西尔万,他还穿着罩袍,睡熟在他外婆的膝上,他还一点儿不明白婚礼是怎么一回事呢。

热尔曼慈爱地瞧着他的孩子们,走到乡公所时,他对新娘说:

"喂,玛丽,今天我来到这儿,比那天我把你从尚特卢伯树林带回村里时,以为你决不会爱我,心情要快乐多了;我像现在一样把你抱下地来,但那时我想,我们再不会把这孩子放在我们的膝头上,一同骑着这匹惹人怜爱的小青马了。啊,我多么爱你,多么爱这些可怜的小家伙,我是多幸福,因为你爱我,你爱孩子们,我的岳父母爱你,而我也多么爱你的母亲、我的朋友们和今儿个所有的人,我恨不得有三四颗心来容纳这么多的爱。当真,一颗心要容纳这么多友谊和快乐是太少了!我真要胀得肚子痛啦。"

在乡公所和教堂门口有一大堆人,围着要看漂亮的新娘。为什么不提一下她的服装呢?她的服装是多么合身呵!她的帽子是浅色平纹细布做的,绣满了花,垂着一条条镶花边的布。那时候,农家妇女是不让一根头发露出来的,她们的帽子下边藏着美丽的长发,用白丝带束住,盘在头上,时至今日,不戴帽子在男人面前露脸,仍然是不成体统的丢脸的行为。不过如今她们可以在额上露出一条窄窄的束发带,使她们好看多了。但我很留恋那时候的古典式帽子;那些贴在皮肤上的白色花边我觉得格外庄严,当一张脸孔这样打扮显得很美的时候,这种美具有无法形容的魅力和优雅端庄。

小玛丽还戴着这种帽子,她的脑门白皙纯洁,不怕布帛的白色会使她显得灰暗。虽然她一夜没有合眼,但早晨的空气,尤其是像天空一样澄澈的心灵暗暗的欢乐,还有少女的羞涩所抑制的内心火一般的热情,使她的脸颊泛起一片光彩,宛如四月清晨阳光下的桃花那样柔和可爱。

她的白披巾贞洁地交叉在胸前,只让人看到像斑鸠那样滚圆的脖颈的优雅线条。她的像爱神木绿色的细布便服勾勒出她窈窕的身材,看来完美无缺,但还该发育长大,因为她还不满十七岁呢。她系着一条深紫色绸围裙,还戴着围纻,我们村里的妇女本不该取消了的,这围纻使胸部显得高雅而朴素。如今,妇女们裹披巾的方式傲气十足,但她们的打扮已不再有古典贞洁之花的美了,就像霍尔拜因笔下的处女那样。她们现在更妖娆、更迷人。昔日那种好看的装束是有点严肃呆板,但能使她们难得的微笑显得更深沉、更完美。

临到赠献礼物的仪式,热尔曼依照习俗把十三块银币放到新娘手中。他给她戴上一只银戒指,这种戒指多少世纪以来样式保持不变,只是后来用金婚戒来代替了。走出教堂时,玛丽悄声对他说:

"这当真是我所希望的戒指吗?是我向你要过的戒指吗,热尔曼?"

"是的,"他回答,"正是我的卡特琳死时戴在手指上的那只戒指。我两次结婚都用这同一只戒指。"

"谢谢你,热尔曼,"年轻的妻子用严肃深沉的语调说,"我要一直戴到死去,要是我死在你前面的话,你留着它,替你的小索郎日的婚礼准备着。"

四 卷 心 菜

大伙儿重新上马,迅速回到伯莱尔。筵席丰盛,穿插着跳舞和唱歌,一直吃到子夜。老年人一连十四个小时不离开桌子。掘墓人下厨做菜,而且做得很出色。他做菜远近闻名,上菜之间他便离开炉灶,参加跳舞唱歌。但这可怜的荒唐老爹患有癫痫症!谁料想得到呢?他像年轻人一样好气色、强壮、快乐。有一天,我们发现他在天刚黑时倒在一条沟里,发病扭成一团,半死不活的。我们把他放到小车上,拉到我们家,照顾了一整夜。三天以后他参加婚礼,像鸫鸟一样唱歌,像小山羊一样欢蹦乱跳,按古老的风俗动个不停。离开婚礼,他还去挖了一个墓坑,钉了一口棺材。他完成得认认真真,尽管从他的好脾气上看不出什么,但他留下了阴森森的印象,加速了他旧病复发。他的女人瘫痪了,二十年来没离开过她的椅子。他的母亲有一百零四岁,还健在。但这个可怜的人,这样快活、善良、风趣,去年竟从阁楼摔到地上摔死了。不用说,他的病发作了,受到致命的袭击,像往常一样,他躲到干草堆里,不让家里人害怕和难过。他就这样悲惨地结束了和他本人一样奇特的一生,在他身上混合着凄惨和疯狂,可怕和令人喜悦的东西;他的心总是善良的,他的性格一直是可爱的。

我们到了婚礼的第三天,这是最有意思的一天,这仪式仍旧严格保存到今天。且不提把烤面包片送到新人的床上,这是一种相当胡闹的风俗,它要使新娘羞赧脸红,有可能使在场的姑娘丧失羞耻心。况且我相信每一省都有这种风俗,在我们乡里没有什么特别之处。

正如送彩礼的仪式是占有新娘的心和家的象征一样,"卷心菜"的仪式是婚后子孙繁衍的象征。在婚礼翌日的早饭后,就开始这种渊源于高卢人的古怪的礼仪表演,经过早期基督教的熏陶,它逐渐演变成一种"神秘剧",或者像中世纪的滑稽道德剧。

两个小伙子(最活泼、最伶俐的)在吃饭时消失不见了,他们去化装打扮,随后在乐队、狗、孩子们和枪声的簇拥下又回来了。他们扮作一对乞丐夫妻,穿着不堪入目的破衣烂衫。丈夫格外肮脏,是恶习使他堕落到如此地步;妻子只是因为丈夫的无行才这样不幸和卑贱。

他们自称是"园丁"和"园丁媳妇",准备看守和栽培那棵神圣的卷心菜。但丈夫身兼各种称号,每种称号都有一个意义。有人管他叫"稻草人",因为他头戴干草和麻做成的假发,为了遮住他的破衣烂衫掩蔽不住的身体,他用草包着腿和一部分身子。他用麦秆或干草塞在罩衫下面,装作大肚子或驼背。有人管他叫"烂衫人",因为他穿着破衣烂衫。最后,有人管他叫"异教徒",这意义格外明显,因为他由于无耻和纵欲,凡是与基督教的一切美德相反的都集于他一身。

他来到的时候,满脸涂着煤烟和酒糟,有时还戴上一副滑稽的面具。一个破损缺口的陶杯,或者一只旧木鞋,用细绳挂在腰带上,给他用来讨酒喝。没有人拒绝他,他假装喝下去,却将酒洒在地上,作着奠酒的姿势。他一步一跌,在烂泥中打滚;他装作已经酩酊大醉。他可怜的妻子跑在他后面,扶他起来,向人呼救,拨着从自己龌龊的帽子下露出来的一绺绺麻做的头发,为着丈夫的卑劣而哭泣,动人地数落着他。

"该死的!"她冲他说,"看看狂喝滥饮把我们弄到什么田地。呵!我白白地纺线,替你干活,缝补你的衣服!你不停地撕破和弄脏衣服。你把我可怜巴巴的财产都吃喝光了,我们的六个孩子穷得什么也没有;我们同牲口一起住在马厩里;我们只好去乞讨。你又是这么丑,这么令人作呕,这么令人瞧不起,用不了多久,人家扔给我们面包,就会像扔给狗一样。唉!好心的人哪,可怜我吧!可怜我吧!我不应当这样苦命,哪个女人都没有比我更肮脏、更可恨的丈夫。帮帮我把他扶起来,要不然大车要把他碾得像破瓶片一样,我就成了寡妇,那我会愁死的,虽然大家都说,那对我是个大好事。"

这就是整出戏中园丁媳妇的角色和她滔滔不绝的哀诉。这是一种真正的自由剧,在露天、路旁、田野里即兴演出,由偶然出现的事情所丰富,所有的人,参加婚礼的、局外无关的、主人家的、过路的,都参加过去,演三四个小时,就像我们马上看到的那样。题材千篇一律,但可以无穷尽地发挥,从这里可以看到我们乡下农民的模仿本能、丰富的噱头、能言善辩、应答的才智,甚至天生的雄辩。

园丁媳妇的角色普通分派给一个瘦小、没有胡子、面色红润的小伙子,他要善于演得逼真,把滑稽可笑的绝望情态演得十分自然,使观众又开心,又难过,当成真人真事一样。这种瘦小无须的小伙子在我们乡下并不罕见,奇怪的是,他们常常膂力过人,远近闻名。

女人的不幸演过以后,婚礼上的年轻人怂恿她把醉鬼丈夫扔在一边,同他们一起散散心。他们挽住她的手臂,把她拖走。渐渐地,她忘了自己的处境,快活起来,时而跟着这个跑,时而跟着那个跑,步态放荡:这是一个新的道德剧,丈夫的无行引起和带来了妻子的无行。

异教徒这时酒醒了,他睁眼寻找着妻子,手里拿着一根绳子和一根棍子,追赶着她。人们让他疲于奔命,把他的女人藏起来,从这个人手里转到那个人手里,竭力使她开心,欺弄那嫉妒的丈夫。他的"朋友们"想法灌醉他。最后他赶上了不贞的女人,要动手打她。这类模仿夫妇生活的患难的滑稽剧中,最真实、最洞察入微的地方,就是嫉妒的丈夫绝不攻击抢走他女人的那些人。他对待他们彬彬有礼、小心谨慎,他只想责怪那有罪的女人,因为她看来无法抵抗他。

但当他举起棍子,准备用绳子捆上那有罪的女人时,婚礼上的所有的男人都来居间调解,把这对夫妻隔开。"不要打她!千万不要打你的女人!"这两句话在这类场合一再重复,没完没了。人们把丈夫缴了械,迫使他原谅和抱吻他的女人,过了一会儿,他又装出比先前更爱她了。他和她手挽着手,又唱又跳,直到又一次喝醉酒,瘫倒在地;于是女人又开始哀诉,又是她的失望,假装的放荡,丈夫的嫉妒,邻居的干涉和重归于好。这里面有一种天真的甚至是粗俗的教训,使人强烈感到起源于中世纪,但这教训即使不能给予今日那些太多情和太有理智，因而不需要它的夫妇以深刻印象，却至少对孩子们和年轻人产生印象。那个异教徒追逐着姑娘们，假装想抱吻她们，使她们又害怕，又厌恶，带着绝非假装的激动奔逃。他污秽不堪的脸孔，他的粗棍（其实并不伤人）使孩子们高声叫喊。这是最简单的，但也是最动人的风俗喜剧。

这出闹剧演到热闹的时候，有人去做搬卷心菜的准备工作。大伙儿找来一张担架，把异教徒抬上去，他拿着一把铁锹、一条绳子和一个大篮子。四个壮汉把担架抬到肩上。他的女人走在后面，那些"长者"神情严肃、若有所思地结队前往，然后是参加婚礼的人成双结对，随着音乐的节拍，步伐整齐地前进。枪声又响起来，狗看到这污秽的异教徒被人凯旋般地抬着，叫得比先前更凶。孩子们用绳子吊起木鞋，戏谑地表示用香熏他。

但是，为什么要对这样一个令人厌恶的人物发出欢呼呢？人们要去获取这棵神圣的卷心菜，它是婚姻生育的象征；只有这个昏头昏脑的醉汉才能用手接触这象征性的植物。无疑地，这里的故事源于基督教之前的一种神秘剧。它使人想起农神节或古代的某种酒神节。或许这异教徒既是一个出色的园丁，又是不折不扣的普里亚普[1]，即园圃和酒色之神，最初它本是圣洁和严肃的，像关于生殖的神秘剧所描写的一样，只是风俗的放纵和思想的败坏在不知不觉中使他变得这样卑微堕落。

---

[1] 普里亚普是希腊传说中酒神和美神之子，也是男性生殖的象征。

不管怎样,这凯旋的行列来到了新娘的家,进入了菜园。在那儿,大伙儿挑选出一棵最好的卷心菜,这件事做得并不快,因为长者们要商量,讨论个没完没了,每个人都为自己看来最合适的卷心菜作辩护。最后进行表决,卷心菜选定以后,园丁便把绳子拴住菜梗,走到菜园的最边上。园丁媳妇照看着,不让这棵神圣的菜脱落时碰坏了,婚礼上的滑稽大家,打麻人、掘墓人、木匠或木鞋匠(总之,所有不耕地的人和在别人家里讨生活,被认为而且事实上比普通的农业工人更有才智和口才的人),团团围住卷心菜。有一个人用铁锹挖开一条深沟,似乎要挖倒一棵橡树。另一个在鼻梁上放了一只木头的或硬纸板的夹子,算作一副眼镜:他担当"工程师"的职务走近来,往远去,举起一张图样,睨视着工人,划着线条,假装博学,嚷嚷着别人要把一切都弄坏,随兴之所至叫人停下又重新工作,尽可能拖长而且可笑地指挥干活。难道这是对古代仪式大全的一种增补吗?意在嘲笑一般的理论家,囿于习惯的农民极端蔑视他们;或者意在憎恶那些土地测量员,他们调整土地册,分摊租税;或者意在仇视那些桥梁公路工程局的职员,他们把公地变成大路,并且让人取消农民珍视的陈年积弊。总而言之,这个喜剧人物叫做"几何学家",他尽可能使那些使镐拿锹的人不能忍受他。

经过一刻钟的重重困难和滑稽的表演,仍不能弄断卷心菜的根,把它毫无损伤地掰下来,这时,一锹锹土扔到围观者的鼻子上(不赶快站开的人活该倒霉;哪怕是主教或亲王,都要接受泥土的洗礼),最后,异教徒拉着绳子,女异教徒张开围裙,卷心菜在观众的欢呼声中徐徐倒下。有人递过篮子,异教徒夫妇仔仔细细地把卷心菜栽在篮里。大伙儿培上新鲜的泥土,用小棒和细绳固定住,好像城里的卖花女把艳丽的茶花栽在花盆里那样;还把红苹果戳在木棒、百里香、鼠尾草和桂枝的尖端上,插在卷心菜周围;这一切都用缎带和小旗装饰起来。大伙儿把这胜利品和异教徒再抬到担架上;异教徒要保持篮子的平衡,以防不测。最后,大伙儿迈着整齐的步伐,很有秩序地走出菜园。

正当要跨出大门,就像随后要跨进新郎家的院子时,他们假想出前面路上有阻碍。抬担架的跌跌撞撞,大声惊呼,时而后退,时而前进,仿佛被不可抑制的力量驱使着,装出不胜重负,跌倒在地的样子。这时候,参加婚礼的人喊叫着,激励并安慰抬担架的人:"忍住点!忍住点!孩子!好,好,鼓起勇气!留神!耐心一点!低一点。门太矮了!挤紧点,门太窄了!往左一点;现在往右,得,加油,你们成功了!"

在丰年就是这样的,牛车超载着干草或收割的庄稼,装得太宽或太高,进不了谷仓的大门。人们就是这样吆喝着强壮的牲口,止住或鼓动它们,人们就是这样灵巧而有力地使山样高的财富安安稳稳地从乡下的凯旋门通过。尤其是最后的一车,叫做"堆成山",要格外小心。这是一种田间的节庆。从最后一垄提起的最后一束麦秸,放在车顶上,扎着缎带和花朵,牛的额角上和把式的鞭上也扎着缎带和花朵。卷心菜被艰难地、最后胜利地抬进屋,是模拟它所代表的兴旺和多子多孙。

到了新郎的院子里,卷心菜就取了出来,放到屋里或谷仓的最高处。如果有一根烟囱、一个尖屋顶、一个鸽子小屋,高过其他屋内的顶部,那就一定得不顾一切危险,把这沉甸甸的东西搬到住宅的最高点。异教徒把它送到那里,固定住它,浇上一大壶酒,同时,一排枪声和女异教徒欢乐的扭摆身体表示它的落成礼。

同样的仪式立刻又开始重演。大伙儿在新郎的园子里拔起另一棵卷心菜,以同样的仪式放到新娘为了跟他生活刚刚放弃的房屋的顶上。这些胜利品一直放到风吹雨淋,毁坏了篮子,带走了卷心菜。它们存在的时间相当长,足以证实上年纪的男人和女人一面致意,一面作出的预言:"漂亮的卷心菜,生长开花吧,让新娘年内就生一个漂亮的小娃娃;如果你很快枯萎的话,这便是不育的征象,你在房顶上就成了一个不吉利的预兆。"

这些事做完以后天已经不早了。剩下要做的事,是把新婚夫妇的教父和教母们送走。这些被推定的亲戚如果住得很远的话,乐队和所有参加婚礼的人要陪送到教区的边上。在往那儿去的路上还要跳舞,分手时互相抱吻。异教徒和他的女人这时已洗得干干净净,穿上整洁的衣服,要是他们扮演角色的劳累还不至于使他们去睡一会儿的话。

在热尔曼结婚的这第三天,大伙儿要在伯莱尔农场跳舞、唱歌、吃喝到半夜。参加筵席的老年人不能回去,这也难怪。要到第二天黎明,他们才能恢复腿力和精神。当他们默默地、蹒跚地走回家时,热尔曼自豪地、精神饱满地走出门来,去拉他的牛,而让他年轻的妻子睡到日出。云雀鸣啭着飞上天空,他觉得这是自己的心声在感谢上天。在枯萎的灌木丛中闪闪发光的薄霜,他看去好像四月里还未抽叶已经开花的白颜色似的。在他,自然界的一切是喜气洋洋和宁谧的,小皮埃尔昨天又笑又跳,累得爬不起来帮他赶牛;但热尔曼很高兴只有自己一个人。他跪在自己就要再犁一遍的田沟里,感情洋溢地做着早祷,两行泪珠流在仍然汗湿的双颊上。

可以听见远处附近教区的孩子们的歌声，他们正走回家去，用有点嘶哑的嗓门复唱着头天欢乐的叠句。

图书在版编目（CIP）数据

魔沼 /（法）桑著；郑克鲁译 . —上海：文汇出版社，2015.7
（文汇名译名著）
ISBN 978-7-5496-1378-6

Ⅰ . ①魔… Ⅱ . ①桑… ②郑… Ⅲ . ①中篇小说—法国—近代 Ⅳ . ① I565.44

中国版本图书馆 CIP 数据核字（2015）第 009320 号

主　　编 / 桂国强
执行主编 / 张　衍

○文汇名译名著○

魔　沼

作　　者 / [法]乔治·桑
译　　者 / 郑克鲁
责任编辑 / 戴　铮
装帧设计 / 王　翔
出版发行 / 文匯出版社
　　　　　 上海市威海路755号
　　　　　 （邮政编码200041）
经　　销 / 全国新华书店
排　　版 / 上海歆乐文化传播有限公司
印刷装订 / 上海中华商务联合印刷有限公司
版　　次 / 2015年1月第1版
印　　次 / 2015年7月第1次印刷
开　　本 / 890×1240　1/32
字　　数 / 140千
印　　张 / 7.75

书　　号 / ISBN 978 - 7 - 5496-1378-6
定　　价 / 31.00元